古典·哲学时代

荀子研究

杨筠如 / 著　马东峰 / 主编

北京理工大学出版社

《古典·哲学时代》编委会

主　　编：马东峰
执行主编：王　洁
编　　委：王钦刚　华　亮　李艳洁
　　　　　周大力　河红联　刘立苹
　　　　　王晶瑾　马　达

目 录

第一章 前论
第一节 关于荀子事迹的补订 ………………………… 3
第二节 关于《荀子》本书的考证 ……………………… 13

第二章 本论
第一节 荀子与古代哲学 ……………………………… 37
第二节 荀子与古代宗教 ……………………………… 81
第三节 荀子与古代政治 ……………………………… 118
第四节 荀子与古代经济 ……………………………… 151

第三章 后论
第一节 荀子与后儒心性的研究 ……………………… 179
第二节 荀子与后代礼法的分化 ……………………… 197

第一章

前 论

第一节　关于荀子事迹的补订

荀子一生的事迹，以《史记·孟子荀卿列传》所记载为最可信任。近人考证，则大致以胡适《中国哲学史大纲》的《荀子略传》为最近于当日事实的真象。现在且把胡适校正的《史记》本传引来作为荀子主要的史料：

> 荀卿，赵人。年五十，始来游学于齐。邹衍、田骈之属皆已死齐襄王时，而荀卿最为老师。齐尚修列大夫之缺，而荀卿三为祭酒焉。齐人或逸荀卿，荀卿乃适楚，而春申君以为兰陵令。春申君死，而荀卿废，因家兰陵。李斯尝为弟子，已而相秦。荀卿嫉浊世之政，亡国乱君相属，不遂大道而营于巫祝，信機祥，鄙儒小拘如庄周等，又滑稽乱俗，于是推儒、墨、道德之行事兴坏，序列著数万言而卒。因葬兰陵。（《史记》卷七十四第三页涵芬楼影印本，中国《哲学史大纲》卷上第三百三页，商务本。）

胡适说：本文的"齐襄王时"四个字，当连上文，读"邹衍、田骈之属皆已死齐襄王时。"所以他断定荀子的游齐，大概在齐襄王之后；而他所作的《荀子年表》，遂以齐王建元年为始。今且引之如下：(中国《哲学史大纲》卷上第三百五页。)

西历前	二六五至二六〇	荀卿年五十，游齐。
同	二六〇至二五五	入秦，见秦昭王及应侯。
同	二六〇至二五〇	游赵，见孝成王。
同	二五〇至二三八	游楚，为兰陵令。
同	二三〇左右	死于兰陵。

胡适这个说法，近人也有表示反对的。陈登元的《荀子哲学》，便说："死字之下无于字，中文中素无此等文法。"(陈登元《荀子哲学》第十五页，商务本。)不过这一点却不足以摇动胡适的说法，因为在《史记》里死字下面没有于字的，并不算什么稀奇。在《外戚列传》里便可举出两个反证：

一、薄太后，父吴人。……生薄姬，而薄父死山阴，因葬焉。

二、钩弋夫人……夫人死云阳宫，时暴风扬尘，百姓伤感。……（《史记》卷四十九第二页，又第六页。）

山阴和云阳宫，都是表地方的补足语；齐襄王时四个字，也是表时的补足语。虽然表时和表地，稍有不同；但同为死字下的补足语，在文法上的性质，是没有差别的。可证死字下无于字，并非欠通，实际是文法上的省略。所以胡适的说法，仍然可以成立。但是我个人的意见，也有与胡氏不能尽同的地方。胡氏的《荀卿年表》，列入入秦游赵两节，这不用说是根据《荀子》本书中的《儒效》《强国》《议兵》三篇。普通的见解，总以为《荀子》书中所有的各篇，就不是荀子自作，也当为他的弟子所记。其实这是一种错误的见解，我现在且先举两个旁证。《韩非子·难三》说：

燕王哙贤子之而非孙卿，故身死为戮。（《韩非子》卷十六第二页，通行本。）

陈登元说："非为荀卿弟子，其言宜若可信。"（《荀子哲学》第十页。）这正可以作一般学者普通心理的代表。假使荀卿在燕王哙时，已经入了仕途，他至少当有二十余岁或三十岁。从燕王哙让国给子之，（西历前三一六）至齐王建的元年，（西历前二六五）计有五十余年。那么他到齐国的时候，当有八十岁以上。这种错误，由于相信《韩非子》全是真书。其实《韩非子》一书，可信为自作者，除《五蠹》《显学》几篇以外，实在寥寥可数。看他直称孙卿，便可知不是韩非的原著了。（参观下文）又如《战国策》说：

> 客说春申君曰："……今孙子，天下贤人也，君籍之以百里势，臣窃以为不便于君。何如？"春申君曰："善。"于是使人谢孙子。孙子去之赵，赵以为上卿。客又说春申君曰："……夫孙子，天下贤人也，君何辞之？"春申君又曰："善。"于是使人请孙子于赵。……（《战国策》卷十七第四至五页，通行重刊姚氏本。）

这一段文字，经过汪容甫考证以后，大致已不为人所信。但是胡元仪却还要骂容甫："不信刘向，不信《国策》，徒拘守《史记》，漫不加考，窒莫甚焉！"（《荀子集解》卷首第二十八页，通行本。）这也由于他相信《战国策》是汉以前的原书，殊不知道刘向的《战国策》的叙录，早已经自白是"错乱相糅"了。我引这两个旁证，是要证明汉以前的书，杂入后人的文字很多，我们不应当轻于信任。《韩非子》《战国策》所载荀子的事迹，既不可信；

那么《儒效》《强国》《议兵》三篇所载荀子入秦游赵之事,其可信任的程度,也就可想。我现在且提出一个大家不注意的问题,略为探讨一下。就是荀卿的姓名,在《史记》里无论是《荀子本传》以及《李斯列传》《春申君列传》都称他为荀卿。而《史记》以外,除了上面所引的《韩非子》《战国策》已经称孙卿或孙子,汉人的著述,如韩婴的《韩诗外传》、桓宽的《盐铁论》、刘向的《别录》、班固的《汉书》,都不称荀而称孙。最奇怪的是《荀子》本书,除《强国》篇一称"荀卿子说齐相"以外,其他如《强国》篇"应侯问孙卿子曰",《议兵》篇"临武君与孙卿子议兵于赵孝成王前""陈嚣问孙卿子曰""李斯问孙卿子曰",《儒效》篇"秦昭王问孙卿子曰"各节,也都称孙卿子。宜乎胡元仪要说:"在当时宜称孙,举近者言也。"(同,第二十四页。)但是为什么又称荀,又称孙呢?这个理由,大致有下面三种答案:

一、避讳称孙说。司马贞作《史记索隐》,颜师古注《汉书》,都以为避宣帝讳询,故改称孙。这是最早的解说,后人驳他的很多。(《史记》卷七十四第二页,又《汉书》卷三十第九页,涵芬楼影印本。)

二、音同语易说。谢墉《荀子笺释序》说:"盖荀音同孙,语遂移易。"(《荀子集解》卷首第八页。)顾炎武《日知录·汉书注》条也认为"语音之转。"(《日知录》卷二十七三十五页,通行本。)近人陈垣的《史讳举例》(《史讳举例》五八七页,《燕京学报》第四期特印本。)也主张这一说。

三、两氏并称说。胡元仪的《郇卿别传考异》说:"郇也孙也,皆氏也。战国之末,宗法废绝,姓氏混一,故人有两姓并称者,实皆古之氏也。"(《荀子集解》卷首第二十三页。)陈登元的《荀子哲学》,就是采取的这一说。

上列三个答案,到底谁是谁非?我却不管。我们要讨论的,是称荀和称孙,到底是那个在先?就第一个答案,如果称孙是避汉宣帝的讳,那么称孙起在汉宣帝以后,是毫无可疑惑的。就第二个答案,那么荀之变为孙,当然因为方音的不同。比如南方的陈完,奔到齐国,后来他的子孙,就变音为田。现在且引崔东壁的说法如下:

齐为田氏考:《史记·田敬仲完世家》云:"敬仲之于齐,以陈字为田氏。"……余按《左传》称陈桓子、陈乞、陈恒、陈逆、陈豹,《论语》亦称陈文子、陈成子,皆未尝改为田。非但春秋之世而已,《孟子》书亦称陈贾、陈仲子,是战国之世,犹未尝改也。安在有改陈为田之事哉？盖陈之与田，古本同音。……盖由战国之世，竞以力争，继以秦焚诗书，文书遂多失传。秦汉之际，人皆习称为田，遂误以为其先之所改耳。(《崔东壁遗书考古续说》卷二第十一—十二页，古书流通处印本。)

依崔氏之说来推测，大概齐国的方音，读陈为田。最初陈氏本出于陈国的事情，昭昭在人耳目之间，所以音虽已经读田，而陈姓的字，仍然是写陈国的陈。后来到了战国末年或是秦汉之际，大家只知道田齐的功业；陈敬仲奔齐一段历史，已经忘却或是失传了，所以直写其音为田。比如《公羊》《谷梁》与《左氏春秋》的异文，也是由于汉儒口耳相传，直接写其方音的原故。我以为荀之为孙，也或是由于方音的关系。荀子为赵国人，大概出于晋国的荀氏，其本字当为荀，后来居家在楚国的兰陵（今山东的峄县），其子孙流寓在山东，经过长久的时间，也如陈的讹为田，遂从俗音为孙。据林语堂《左传真伪与上古方音》说："许多《公羊》的清母，变为《左氏》的浊母。"(《语丝》第四卷廿七期十五至二〇页。)《左氏》大概是晋国的东西，《公羊》则久已公认为齐音，荀、孙的转变，或者也与这种关系相近。总之：孙是后出的，并且距离荀子的时代，当不很近了。这是由第二个答案推论的结果。再就第三个答案来说，古人有两氏以上，固然例证很多。现在且引晋国的士氏和荀氏，来做说明。士氏的见于记载，是始于晋献公时的士蒍。据《晋语》訾祐对范宣子说：

> 昔隰叔子违周难于晋国，生子舆（士蒍之子）为理（士官也），以正于朝，……世及武子（士会之子），佐文、襄为诸侯，……无二心，……是以受随、范。（《国语》卷十四第五页，选行重刊天圣明道本。）

其得氏是由于为晋国的士官。士会因为受了随、范为食邑，所以《左传》或称随武子，或称范武子。他的儿子士燮以后，都称范氏。但是他的季子士鲂，因为另外有了食邑，又分支为彘氏。

> 《晋语》：(晋悼公) 使彘恭子将新军。曰："武子之季，文子之母弟也，……"（同，卷十三第二页。）

是士氏为总称，范、彘同为别称。这里有一点可以注意。就是称范称彘，只见于《左传》和《国语》。里面较早的《春秋》经，却始终称士会、士燮、士匄、士鞅、士吉射，……绝没有称随范和彘的。可知别称之氏，起

第一章　前　论

来很迟。大概出于各支子孙的追称，当时并不一定有这种分别。荀氏的初见于晋国，是荀息。其后荀林父做过中行之官，因称中行桓子；其子荀偃以后，都称中行氏。荀林父的兄弟荀首，《左传》"邲之战"（《十三经注疏·左传》卷二十三第八页，南昌刻本。）称他为知庄子，其子荀罃以后，都称知氏。但是称中行氏、知氏，也仅是《左传》《国语》，而《春秋》经对于中行氏的荀偃、荀庚、荀吴，……知氏的荀罃、荀盈、荀跞，……都也始终称荀，和前例士氏完全相同。荀卿的称孙氏，假使为分支之称，那么太史公还不知道，其出世当在汉武帝以后，太史公的不知道称孙，犹如作《春秋》的不知道称范氏、中行氏……一样。这是由第三个答案所得的结论。这三个答案的结论，可说是完全一致，所以依我个人的意见，凡是称荀卿孙子的，都不足信。《儒效》《强国》《议兵》三篇，都不能认为真书，也都不能作荀子事迹的资料。

我这个说法，我知道当然有人反对。其所反对的理由，大致可有下列两点：

一、秦昭王、赵孝成王，都与荀子的时代相当。
二、《史记》说他"三为祭酒。"小司马解为"出入前后三度处列大夫康庄之位。"假使游齐以后，再有入秦游赵两次事情，恰合"三为祭酒"的说法。

不过这种理由，都不能算为证据。只能说可以有入秦游赵的事情，却不能证明入秦游赵是真的事实。并且所谓祭酒，虽可说是列大夫中一个尊官。比如《后汉书·百官志》有博士祭酒一人，六百石。其下有博士十四人，比六百石。但据胡广注说：

> 官名祭酒，皆一位之元长者也。古礼：宾客得生人馈，则老者一人，举酒以祭于地。旧说以为示有先。（《后汉书》卷三十五第一页，涵芬楼影印本。）

那么荀子年老才到齐国，在列大夫中最称老师，所以他三当祭酒之任。当时的祭酒，或尚不是专官之名。就是小司马也说：

> 《史记索隐》：礼，食必祭先。饮酒亦然，必以席中之尊者一人当祭耳。后因以为官名，故吴王濞为刘氏祭酒是也。（《史记》卷七十四第三页。）

可见太史公所说，也并不一定有出入三度的意思。那能认为一种证据呢？并是荀子本书的不可信任，不仅是《儒效》等三篇，我们的证据很多，且放在下节再说。

第二节 关于《荀子》本书的考证

一、前人对于《荀子》书的态度

《荀子》一书,其内容非常杂乱,从杨倞以来,已经发生疑窦。不过他们不敢怀疑《荀子》书是后人杂纂而成,于是只得竭力弥缝,将一部分的名义归给荀卿的弟子。例如:

> 一、《大略》篇目下杨注:此篇盖弟子杂录荀卿之语,皆略举其要,不可以一事名篇,故总谓之大略也。(《荀子集解》卷十九第一页。)
>
> 二、《宥坐》篇目下杨注:此以下荀卿及弟子所引记传杂事,故总推之于末。(指《宥坐》《子道》《法行》《哀公》《尧问》各篇)(同,卷二十,第一页。)
>
> 三、《尧问》篇末杨注:自为说者以下,荀卿弟子之辞。(同,卷二十,第十四页。)

再有许多仍然不能解释的地方,乃不得不归于传写的错误。例如:

一、《君子》篇目下杨注：凡篇名多用初发之语名之，此篇皆论人君之事，即君子当为天子，恐传写误也？（同，卷十七，第七页。）

二、《臣道》篇"得众动天"四句下，王引郝懿行说：按四句一韵文如箴铭，而与上下颇不相蒙，疑或它篇之误脱。（同，卷九，第六页。）

三、《王制》篇末段下王引卢文弨说：篇末自"具具而王"至此，文义浅杂，当是残脱之余，故不注耳。（同，卷五，第十一页。）

以外《非相》《臣道》二篇，卢文弨也说是有错简。这里不能再多举例，不过这仅是承认字句段落间的错乱，对于全书还没有大的关系。等到王先谦在《王制》篇"序官"一节下才敢比较大胆的说：

按《乐论》篇云：其在"序官"也，曰："修宪命，审诛赏，禁淫声，以时顺修，使夷俗邪音不敢乱雅，太师之事也。"则"序官"是篇名，上文王者之人、王者之制等语，及各篇分段首句类此者，疑皆篇名？应与下文离析，经传写杂乱，不可考矣。（同，卷五，第七页。）

第一章 前 论

对于《荀子》的全书,这才逐渐发生动摇,因为已经不仅是承认章句的错乱,并且承认连篇名湮没的已经不少了。胡适的《中国哲学史大纲》对于《荀子》也有一段考证。他说:

> 《汉书》孙卿子三十二篇,又有赋十篇,今本《荀子》三十二篇,连赋五篇,诗两篇在内,大概今本乃系后人杂凑成的?其中有许多篇,如《大略》《宥坐》《子道》《法行》等,全是东拉西扯拿来凑数的。还有许多篇的分段,全无道理,如《非相》篇后两章,全与《非相》无干。又如《天论》篇的末段,也和《天论》无干。又有许多篇,如今都在大戴小戴的书中,(如《礼论》《乐论》《劝学》诸篇)或在《韩诗外传》之中,究竟不知道是谁抄谁?大概《天论》《解蔽》《正名》《性恶》四篇,全是荀卿的精华所在,其余的二十余篇,即使真不是他的,也无关紧要了。(《中国哲学史大纲》卷上第三百六页。)

胡氏虽然没有发现多少新的证据,他却敢说《荀子》是后人杂凑成的,比较前人的见解,当然是已经大有进步。不过他仅是提出一种意见,并未曾深为考究,所以《荀子》本书的问题,到现在仍然未能解决。

二、《荀子》书的伪证

《荀子》书为后人杂凑成功，固然不错。但是杂凑的证据，是什么？前人所说都嫌过于笼统，不足以打破一般守旧的心理。我以为《荀子》书是杂凑的证据，大致可有左（下）列的四点：

一、体裁的差异。我这里所说的体裁，包含两类：一类是题篇的体裁，一类是行文的体裁。古书的题篇大概只有两种办法：第一种办法，是取篇首两个字，或是第一句中间两个主要的字眼来做篇名。这种书大概是后人或者门弟子所编纂，其篇名也是编纂的人所题。比如《论语》《孟子》都属于这一类。就他原始的意义来说，可以称为语录体。第二种办法，是取一篇的大意来做篇名。这一类的书，也有自作的，也有后人编述的。大致是先有主意，然后作文，也可说是先有篇题而后有文章。就广泛的意义，可以叫着论文体。比如《庄子》内篇，和《墨子》《韩非子》中间的一部分较为可靠的各篇大致都属这一类。假使一书之中，有了这两种办法，可以决定不是一个时代的作品。比如《庄子》的内篇，是属第二种办法；而外篇以下，都属第一种办法，可以决定内篇和外篇成立的时期完全不同。现在《荀子》中《天论》《体论》《富国》《性恶》等篇，都是用第二种办法；而《哀公》《仲尼》《尧问》《宥坐》等篇，却都是用第一种办法。这种体裁的差异，显然表示有一部分是属于伪作，这是最浅近、最明白的证据。讲到行文的体裁，《荀子》中也显有差异。前段郝懿行所举的"得众动天"四句韵语，便是一例。又如《乐论》中也夹有一段韵文，也是很可注目的。现在引之如下：

> 穷本极变，乐之情也。著诚去伪，礼之经也。墨子非之，几遇刑也。明王已没，莫之正也。愚者学之，危其身也。君子明乐，乃斯听（从俞樾校改）也。乱世恶善，不此听也。於乎哀哉！不得成也。弟子勉学，无所营也。（《荀子集解》卷十四，第二页。）

其非《荀子》原书，显然可知。《礼论》篇末段（同，卷十三，第十二页。）也是用韵文，都与《荀子》行文的体裁不合。最奇怪的是杂有《成相赋》篇全篇的有韵之文，赋篇附在《荀子》末尾，虽另见于《汉书·艺文志》，（《汉书》卷三十，第十八页。）还可拿互著之说来解释。《成相》一篇，旧次在第八，为什么会用韵文？这明明已是《汉书·艺文志》中间汉人的《成相杂辞》，与《荀子》毫不相干的东西。这都是可由行文体裁的差异，证明《荀子》中间有许多不是原书。

二、思想的矛盾。《荀子》书中思想矛盾的地方很多，最显然的比如《天论》前面说：

> 强本而节用，则天不能贫；养备而动时，则天不能病；修道而不贷，则天不能祸。（《荀子集解》卷十一，第七页。）

这里表示一种激烈的反对天命的精神。但是《天论》的后段却又说"故人之命在天。"（同，卷十一，第十一页。）而《修身》篇又说：

> 人有此三行，虽有大祸，天其不遂乎？（同，卷一，第十三页。）

这种依赖天命的思想，和前者大相反对，可以断定不是一个人的说话。又如《性恶》篇说：

> 人之性恶，其善者伪也。……可学而能，可事而成之在人者，谓之伪。……凡礼仪者，是生于圣人之伪，非故生于人之性也。（同，第十七，第一一二页。）

这里所谓伪，是人为之义。一切礼仪，都生于伪。而《乐论》篇却说：

穷本极变，乐之情也。著诚去伪，礼之经也。
（同，卷十四，第二页。）

把伪变为诈伪之伪，而反以去伪为礼之经了。这里所谓伪，固然与《性恶》篇矛盾，也与《正名》篇的"心虑而能动谓之伪，虑积焉，能习焉而后成，谓之伪。"（同，卷十六，第一页。）大相反对，明明是把《荀子》变为《中庸》派的"唯天下至诚为能尽其性"了。（《十三经注疏·礼记》卷五十三，第三页。）还能认为一个人的著作吗？又如陈登元君对于下列两条，也很怀疑。

一、《非十二子》篇：忍情性，綦豀利岐，苟以分异人为高，不足以合大众，定大分，……是陈仲、史䲡也。

二、《大略》篇：义与利者，人之所两有也。（《荀子哲学》第一六二—一六三页。）

他觉得与《性恶论》的思想不对，其实这也可认思想矛盾的例证。

三、篇章的杂乱。《荀子》一书篇章的杂乱，前面所举，已经不少。实际除了《正名》《解蔽》两篇，略为完全以外，几于没有一篇没有杂凑的痕迹。比如《天论》是大家所公认为真书的。但是《天论》的后半篇，就不可信。"雩而雨"与"星队木鸣"两段，与《韩诗外传》相同。《韩诗》引作"《传》曰"，大概就不是《荀子》的原文？（《韩诗外传》卷二，第四—五页，涵芬楼本。）再后一节是：

> 在天者莫明于日月，在地者莫明于水火，在物者莫明于珠玉，在人者莫明于礼义。……故人之命在天，国之命在礼。君人者隆礼尊贤而王，重法爱民而霸，好利多诈而危，权谋倾覆幽险而亡矣。（《荀子集解》卷十一，第十—十一页。）

这一段在上既无所承，与下文也不相接；既不是论天，而且与前文的思想矛盾。大概也是由《韩诗外传》混入，或是与《外传》同出一书，因为有两个天字，就将他凑入了这篇之中。（《韩诗外传》卷一，第三页。）其余篇末的两段，胡适已经知道与《天论》无干了。再如《性恶》一篇，也是人所公认为真书的。但是在"涂之人可以为禹"一段以后忽然接以：

> 有圣人之知者，有士君子之知者，有小人之知者，有役夫之知者，……
> 有上勇者，有中勇者，有下勇者，……（《荀子集解》卷十七，第五—六页。）

两段，全然与《性恶》没有关系，似乎可以断定为杂凑的文字？并且后面就是主张习惯论的一大段。

> 夫人虽有性质美而心辨知，必将求贤师而事之，择良友而友之。……身日进于仁义而不自知也者，靡使然也。今与不善人处，……身且加于刑戮而不自知者，靡使然也。《传》曰："不知其子，视其友；不知其君，视其左右。"靡而已矣，靡而已矣。（同，卷十七，第七页。）

这与他的《性恶论》，根本上是冲突的。虽然有人说荀子外面是主张性恶，实际是主张习惯论的。我觉得就思想的矛盾，和篇章的错乱两种现象综合来考查，这段文字似为后人修正荀子的学说而作。大概是杂凑在篇末，并不是原来所有。再如《乐论》在《荀子》书中也要算重要一篇，但是前面的两大段，都与《礼记》的《乐记》大略相同，而第一段在《乐记》里列于最后，托为孔子与宾牟贾的谈话。（《十三经注疏·礼记》卷三十九，第二十页。）《乐记》本为十一篇混杂而成，今《乐论》第一段与第二段论乐的次序完全相同，也明为杂凑成功。其后半更为杂乱，除前面所举的一段韵文以外，又有"吾观于乡而知王道之易易也"一段（《荀子集解》卷十四，第三页。）是取的《乡饮酒义》(《十三经注疏·礼记》卷六十三，第十八—十九页。)《礼记》托为孔子所说，固然未必可信，但是也不能认为荀子的话。因为他确是论《乡饮酒义》，不是论乐，后人因有闲歌合乐几个字，就把他杂凑在《乐论》的后面，这是显而易见的。以外为篇幅所限，不能多举，但是有了这三个例，也可以推见一斑了。

四、其他的旁证。 王先谦因为《乐论》有引《王制》篇"其在序官也"一段，疑《序官》本为篇名，其实古人著书并没有引用自己的文章的例子，可以断定《序官》和《乐论》决不是一时一人所作。这是很明白的证据。《公羊传》的著于竹帛，在汉景帝时候，《谷梁》更比《公羊传》为迟，这是人所共知的事实。但是《荀子·大略》篇已经引了《谷梁传》"诰誓不及五帝，盟诅不及三王，交质子不及五伯"的话。(《荀子集解》卷十九，第十二页。)又说《春秋》贤穆公，以为能变也。"是取的文十二年《公羊传》：

秦伯使遂来聘。遂者何？秦大夫也。秦无大夫，此何以书？贤穆公也。何贤乎穆公？以为能变也。(《十三经注疏·公羊传》卷十四，第三—四页。)

又说"故《春秋》善胥命，"也是取的桓三年《公羊传》：

> 齐侯、卫侯胥命于蒲。胥命者何？相命也。何言乎相命？近正也。（同，卷四，第九页。）

这都可以做《荀子》书有许多晚出的材料的旁证。我们如果要概认为《荀子》的著作，岂不是一个极大的错误？

三、荀子与《礼记》《诗传》的关系

前节已经讲到《荀子》和《礼记》《韩诗外传》有许多关连的地方，就我的意见，似乎不是《礼记》《诗传》取自《荀子》，或竟是后人将《礼记》《诗传》混入《荀子》之中。这个假定，是否可以成立，我们须得更精密的考察一番。现在且把《荀子》与大小《戴记》相同的作一表：

《荀子·礼论》{《小戴·三年问》
　　　　　　《大戴·礼三本》

《荀子·乐论》{《小戴·乐记》
　　　　　　《乡饮酒义》

《荀子·法行》……《小戴·聘义》

《荀子·哀公》……《大戴·哀公问五义》

《荀子·修身》
《大略》｝《大戴·曾子立事》

《荀子·劝学》
《宥坐》｝《大戴·劝学》

再将《荀子》与《韩诗外传》相同的也作一表:

《荀子·不苟》…………《外传》一、二、三、四、六（共五次）

《修身》…………《外传》一、二、四、五（共四次）

《王制》…………《外传》三、三、三、五（共四次）

《君道》…………《外传》四、五、五、六（共四次）

《儒效》…………《外传》三、五、五、七（共四次）

《宥坐》…………《外传》三、三、八、十（共四次）

《尧问》…………《外传》三、六、七、七（共四次）

《臣道》…………《外传》四、五、六（共三次）

《天论》…………《外传》一、二、五（共三次）

《哀公》…………《外传》二、四、四（共三次）

《义兵》…………《外传》三、四（共二次）

《非相》…………《外传》三、五（共二次）

《子道》…………《外传》三、九（共二次）

《法行》…………《外传》二、四（共二次）

《非十二子》……《外传》四、六（共二次）

《劝学》…………《外传》四、八（共二次）

《强国》…………《外传》六（共一次）

《富国》…………《外传》六（共一次）

《大略》…………《外传》四（共一次）

就上面两个表来观察,《荀子》和大小《戴记》《韩诗外传》的关系,非常密切。旧说多认《礼记》《诗传》系取自《荀子》,且以《史记》的《礼书》《乐书》也取于《荀子》为证。其实《史记》的《礼》《乐》两书,除第一段或为史公原文以外,其余同于《荀书》的,大部分都为赝鼎,不能和《礼记》《诗传》相比。我以为《荀子》的同于《礼记》《诗传》,大概是《礼记》《诗传》混入《荀子》,因为《荀子》一书的篇次和内容,都是由刘向一手整理的,其实已经在戴、韩以后。不过我们还要注意一点,就是西汉一代学术界的情形。大致从战国末年,专尚功利主义的法家得势以后,社会上已有一种蔑视儒术的趣向。我们看韩非骂儒为五蠹之一,(《韩非子》卷十九,第五页。)李斯的建议焚书坑儒,尤其是汉高祖的憎恶儒生。《史记·郦食其传》高祖部下的骑士说:

> 沛公不好儒,诸客冠儒冠来者,沛公辄解其冠,溲溺其中。与人言,常大骂,未可以儒生说也。(《史记》卷九十七,第一页。)

所以他经常骂郦生为竖儒,(同右。)叔孙通也骂鲁两生为鄙儒。(同,卷九十九,第三页。)高祖骂陆贾也说"乃公居马上得之,安事诗书?"(同,卷九十七,第三页。)所以当时的儒术，非常颓败，而一般儒生，乃专作人格卑鄙的事情，以求阿主用事。太史公所称为汉代儒宗的叔孙通（同，卷九十九，第四页。）便是一个好例。

> 《史记·叔孙通传》：叔孙通儒服，汉王憎之，乃变其服，……短衣楚制。于是叔孙通使征鲁诸生三十余人。鲁有两生不肯行，曰："公所事者且十主，皆面谀以得亲贵。……"（同，第三页。）

在这种空气之下，又经过长久的兵乱，儒术的荒废，古书的残缺，都是当然的结果。当时一般儒生学识的浅陋，也就怪可怜的。比如世为礼官大夫的徐生，却不能通《礼》经；世在乐官的制氏，却不能言乐义（同，卷百二十一第四页，又《汉书》卷三十，第四页。）；世治《尚书》的伏生之孙，对于经文也不能明定。（同，卷百二十一，第四页。）其余可以推见。可知《史记·儒林传》说："六艺从此缺焉。"（同，第一页。）《汉书·艺文志》说："书缺简脱，礼坏乐崩，"（《汉书》卷三十，第一页。）大致是当时的事实。后来因为天下安定了，才逐渐想利用儒术来粉饰太平，《汉志》所说："于是建藏书之策，置写书之官，下及诸子传说，皆充秘府。"（同右。）便是这种政策。但是因为"广开献书之路"，伪书也就层见叠出，比如张霸的伪造百两篇《尚书》,当时既已明知为伪,而平当、周敞等仍然劝成帝存在秘府。(同,卷八十八,第七页。)可知当时的秘府大概是一个杂字篓。而当时人的态度也是兼收并蓄,从没有严正治学的精神。刘向的《新序》《说苑》,正是这一条路上的东西,所以刘向所校定之书,也不见得全可信任。《荀子》与《礼记》《诗传》的混合,虽不始于刘向,而刘向将这种杂乱的简策,不加考证,任意的编次,也不能不负一部分的责任。但是开始混合《荀子》和《礼记》《诗传》的是谁呢?据我的推策,大概与孟卿很有密切的关系。《汉书·儒林传》说:

> 孟喜,字长卿,东海兰陵人也。父号孟卿,善为《礼》《春秋》。授后苍、疏广,世所传《后氏礼》《疏氏春秋》,皆出孟卿。(同,第四页。)

孟卿是荀子的同乡,父子都字为卿。这正是刘向《荀子叙录》所说的"兰陵人喜字为卿。盖以法孙卿也。"其对于荀子的崇拜,可以想见大小两戴《记》都出于后苍,也就是都出于孟卿。他和《荀子》混合的关键,便在这一个地方。并且孟卿又是一个传《春秋》的学者,据《艺文志》说:

> 齐辕固、燕韩生皆为之传，或取《春秋》，采杂说，咸非其本义。（同，卷三十，第三页。）

现在的《韩诗外传》比较《汉志》多了四卷，（《汉志》六卷，今十卷）虽然不能就定为韩生的原书，或者内容还相差不远？他同《荀子》的混合，大概也是孟卿和韩生同取一种《春秋》杂说的原因。西汉一代古书残缺和伪托古人或大师的风气非常之盛，前面已经略为叙及。现在且再举孟卿的儿子孟喜为例：

> 《汉书·儒林传》：孟喜从田王孙受《易》，好自称誉，得《易》家候阴阳灾变书，诈言师田生，且死时枕喜膝，独传喜，诸儒以此耀之。同门梁丘贺、疏通证明之，曰："田生绝于施雠手中，时喜归东海，安得此事？"（同，卷八十八，第四页。）

大概《荀子》本已残缺，于是孟卿将他的《礼说》《春秋说》都假托荀子为名，将他和《荀子》原书混为一起，后来传入秘府以后，刘向就将他马马虎虎的排比一下，便算是《荀子》的本书了？或者竟不是孟卿的假托，只是秘府中人以孟卿与荀卿学派相近，搁在一处，后来偶然混合，因为残脱的关系，遂致不能分别？我觉得我

第一章 前 论

这个假设,大概可以成立。现在且把我的理由,综合的举在下面,来做这一段的结论。

一、《韩诗外传》引《荀子》有五条明称"《传》曰"(《韩诗外传》卷一第三页,又第六页,又卷二第四页,又卷三第三页。)却没有一条称荀子曰的,他所谓传,当然就是指的《春秋》杂说之类,这可以证明不是《韩诗》取得的《荀子》,是将《春秋》杂说混入《荀子》书中了。

二、《乐记》引"吾观于乡而知王道之易易也"一段,《礼记》明说是孔子之言,并且这段文章,与《乡饮酒义》切合,与《乐论》的体裁,既不相合,上下文义,也不相接。明是将记文混入《荀子》,不是记取《荀子》。

三、今本《荀子》书中《哀公》《宥坐》《子道》《尧问》各篇,与《礼记》《诗传》相同的地方很多,而且这些篇都是杂记孔子的言行,与《荀子》本书体裁不合,应当本为《礼记》或《诗传》的文字,不是《荀子》的原书。

四、前节所举《天论》《乐论》各篇思想矛盾的文字,非这样不能解释。而且这种假设,在西汉那种情形之下,确有可能。

至于混入《荀子》中的《礼记》《诗传》，与现在的《礼记》《诗传》，章句篇段，不能全同，这是因为经过多少次数不同的整理和排比，理由非常明显，绝用不着怀疑。

四、荀子与刘向、杨倞的关系

《荀子》与刘向的关系，前段已经说得很多了，这里自然不必重叙。但是我们还有点补充的证据，就是刘向的《荀子叙录》上说：

> 《孙卿》书凡三百二十二篇，以相校除复重二百九十篇，定著三十二篇。（《荀子集解》卷二十，第十五页。）

当时秘府中书简混杂的情形，由此可以想见。太史公对于《荀子》书既没有说明篇数，《荀子》本为几多篇，大概汉人也不知道？这里三十二篇，只是刘向整理这一堆乱简的结果，自然有混入他书的可能。刘氏又说"孙卿善为《诗》《礼》《易》《春秋》"（同右。）那么刘向的心目中的《荀子》，已经是与《礼记》《诗传》《春秋》说都有关系，这固然已经是他看见《礼记》《诗传》与《荀子》相同的结果；但是这里也更可以证明孟卿的《礼说》

第一章 前 论

《春秋说》有很容易混入《荀子》的可能。因为太史公只知道他是一个"推儒、墨、道德之行事"的学者，而刘向却把他变为一个善为《诗》《礼》《易》《春秋》的经生了。因为《荀子》是几种书混合排比而成，所以差不多每篇都有错简。这种错乱的地方，固然有许多不是《荀子》本书，不过也有《荀子》本书而系排比时错乱的。所以对于《荀子》一书真伪的问题，也不能全以篇为单位，这是我们现在最感困难的一件事情。并且《荀子》一书，在刘向整理以后，还经过唐时杨倞的一次整理。据杨《序》说：

> 独荀子未有注解，亦复编简烂脱，传写谬误。虽好事者时亦览之，至于文义不通，屡掩卷焉。（同，卷首，第二十九页。）

可见刘向以后，仍然时有错乱脱误的情形。今杨倞本与刘向本不仅是篇次的移动，似乎内容也有不同的地方？现在且举几个疑点，以求读者诸君的指教：

一、《汉书·艺文志》孙卿赋十篇，现在赋篇仅有赋五篇、诗两篇。《汉志》是本于刘歆的《七略》，可知刘向时候孙卿的赋还完全存在，不应赋篇会不全。似乎现在赋篇,已经与刘向校定本不同了?

二、今《荀子·君子》篇全言天子之事,内容与篇题不类,疑为《君道》篇的错简?杨倞疑君子当为天子,似也不确?我疑《君子》篇的本文,已经错入《不苟》篇。因为《不苟》篇每段都以君子两字起首,而《不苟》篇本义是说"中庸之道",但是也有许多段与中庸的意义没有关系。且就文义上看,也明为错简。这种错乱,大概起在刘向以后?最初刘氏校定时那种情形,似乎不至会有篇题与内容完全无关的一篇。

三、现在的《成相》篇,杨倞说:"《汉书·艺文志》谓之《成相杂辞》,盖亦赋之流也。"(同,卷十八,第一页。)杨氏承认《成相》就是汉人的《成相杂辞》,这是很对的。不过刘向将赋篇置在末后,将《成相》次为第八,似乎那时的《成相》不是赋的体裁?我疑原来是说人主用相的事,比如《君道》说:"在慎取相,道莫径是矣。"(同,卷八。第五页。)《王霸》篇说:"然则强固荣辱,在于取相矣。"(同,卷七,第三页。)荀子主张人治政治,所以很重视宰相的得人,大概是原篇已亡,后人拿《成相杂辞》来补充的。

四、今《尧问》篇末有为说者曰"孙卿不及孔子"一段,宋本特别提高一格。杨倞认为荀子弟子

之辞,这是错的。我们看他直称孙卿,便不是荀卿的弟子。并且他说:

今之学者,得孙卿之遗言余教,足以为天下法式表仪,所存者神,所过者化。(同,卷二十,第十四页。)

明明是后代人的口吻。汪中说:

刘向所编《尧问》第三十,其下仍有《君子》赋二篇,然《尧问》未附荀卿弟子之辞,则为末篇无疑,当以杨倞改订为是。(《述学补遗》第六页,《四部丛刊》本。)

殊不知这段文字,刘向并未曾梦见?杨倞的篇次,始于《劝学》,终于《尧问》,确实是仿《论语》。这段文字,似为杨氏所加,假托荀卿弟子之名,想以表章荀子?所以说"观其善行,孔子弗过。"就不是杨氏假托之辞,也是刘向以后的人所加的。

上面关于《荀子》一书的考证,已经讲得过多。现在且说我个人处置《荀子》一书的态度。我们既知道《荀子》书是混杂的东西,除了《成相》以下八篇,明知与《荀子》无关以外,其余各篇,都不免有鱼目混珠的现象。用一般的观察,大致以《正名》《解蔽》《富国》《天论》《性恶》《正论》《礼论》(起首一段)几篇,真的成分较多？所以我主张：（一）与大小《戴记》《韩诗外传》相同的文字，暂时只得割爱。（二）与前面所举几篇中主要思想相矛盾的地方，也最好不采。（三）凡事称孙卿子的各条，为慎重起见，也最好不要用为荀子学说的资料。

第二章

本 论

第一节　荀子与古代哲学

一、古代哲学的产生和派别

　　文化没有十分进步的社会，是没有哲学观念的。所以中国古代只有迷信和宗教，绝没有所谓哲学。中国古代哲学产生的时期，是在周室东迁以后，到春秋末年，这一个长的期间（公历前七七〇至四八一）约计有三百年之久。其所以会产生哲学的原因，前人已经说得不少，大致可分为心的条件与物的条件两种。心的条件，就是宗教思想的摇动物的条件，就是社会情形的剧变。实际上则心的条件，也与当时社会情形大有关系，完全是受了物质界的影响。所以我们当预先略叙一叙当时社会剧变的情形。当时社会上的情形，普通所谓"政治黑暗，战祸激烈"固然用不着说，而最主要的还是当时社会组织的变更。就是从前贵族政治下的贵贱阶级，已经破坏，而自由竞争的贫富阶级，却代之而兴。换一句话，就是贵族阶级的破产。我们看《左传》僖二十五年晋文公围阳樊的时候。

> 苍葛呼曰:"德以柔中国,刑以威四夷,宜吾不敢服也。此谁非王之亲姻?其俘之也?"乃出其民。(《十三经注疏·左传》卷十六第三页。)

可见当时贵族沦落为平民的,已经不少。又昭三年晋国叔向说"栾、郤、胥、原、狐、续、庆、伯,降在皂隶。"(同,卷四十二,第十一页。)这都是晋国失败的贵族,已经沦为奴隶了。最明显的要算《诗经·秦风·权舆》所写的一种贵族变成破落户的情形。

> 於我乎,夏屋渠渠,今也每食无余。于嗟乎!不承权舆!於我乎,每食四簋,今也每食不饱。于嗟乎!不承权舆!(《十三经注疏·诗经》卷六之四,第十二页。)

在《诗经》中,这种情形很多,这里不能多引。至于有钱的平民,不仅是比贵族富足,而且可以爬上政治舞台。比如郑国商人弦高的以牛十二犒赏秦师(同,《左传》卷十七第十四页。)和郑贾人的谋救荀䇄(同,卷二十六,第六页。)就可见当时商人在社会上的地位。而《小雅·十月之交》更明白的说:

> 皇父孔圣，作都于向。择三有事，亶侯（与维同）多藏。不愁遗一老，俾守我王。（同，《诗经》卷十二之一，第八页。）

这里是说他择任官吏，只拣新进有钱的人，将贵族遗老完全不用。《曹风·候人》讥笑一般暴发户，说的更好。

> 维鹈在梁，不濡其翼。彼其之子，不称其服。（同，卷七之三，第五页。）

所以这一个时期，是一个新旧阶级交替的时候。到战国初年，便已不大见贵族政治的形影。这种剧变的情形，正是《十月之交》所说的"高岸为谷，深谷为陵"，这一次变更，对于社会各方面的影响，都很不小，而最重要的是下列两种。

第一、我们知道那时的贵族阶级，在社会上同时算是知识分子，他们的知识，自然比较一般下等社会的人要高明许多。他们既然降到下层社会里面，知识自然会逐渐普及于一般社会，而知识的工具，也随着一天比一天发达。我们看"苏秦发书，陈箧数十""墨子南游，载书甚多。"（梁任公《先秦政治思想史》第一百四页。）这虽已是战国初期的事情，可以想见书籍的流布，早已比较的盛行。这是哲学发生物质方面的一个主要原素。

第二、我们知道知识较高的人，思想也比较的发达。这一般知识较高的人，忽然沦落在下层阶级，遭了这一种环境的剧变，他们心理上所受的刺戟，是特别的大。因此思想上也会起一种变化。这种变化，便是宗教思想的动摇。他们从前所认为"福善祸淫""保护人民"，特别是保护他们贵族阶级的上帝老倌儿，现在为甚么会使起他们流离失所？于是对于上帝和一切宗教，都发生了疑问。我们看《诗经》上说：

　　天降丧乱，饥馑荐臻。靡神不举，靡爱斯牲。圭璧既卒，宁莫我听！（《十三经注疏·诗经》卷十八之二，第十四页。）

这是对于神明，如何的怨望，而讲得最明白，还是

　　旻天疾威，弗虑弗图。舍彼有罪，既伏其辜；若此无罪，沦胥以铺。（同，卷十二之二，第十页。）

以外如《小弁》的"何辜于天？我罪伊何？""天之生我，我辰安在？"（同，卷十二之三，第四页又第六页。）都是

这种思想动摇，明白的供辞。这种思想，自然也逐渐的影响到一般社会。比如《唐风》的《鸨羽》：

> 王事靡盬，不能蓺稷黍，父母何怙？悠悠苍天，曷其有所！（同，卷六之二，第七页。）

便明是一位农人，当兵的口气。因此对于人民思想得了一个大解放，这便是我前面所说哲学发生的心的条件。

既有了知识的进步，思想的解放，而社会上又仍然是政治一天比一天黑暗，战祸一天比一天激烈，因此生活也一天比一天困难，于是便发生了很多派的思潮。（看胡适《中国哲学史大纲》第二篇第二章）这种种思潮，便是后来哲学的种子。中国哲学的鼻祖，从前都承认是老子，据日本武内义雄的考证（武内义雄《老子原始》第四章《老子五千文的性质》，京都宏文堂本。）《老子》一书是集合法家、从横家、兵家和《黄帝》书而成，大概出在秦汉之际。（参看梁任公先生《先秦政治思想史》一百十一页）不过《老子》书虽然晚出，老子本人却不会是六国末年的人。武内博士将老子放在孔、墨之后，思、孟之前。梁任公先生把他放在孔子之后、庄子之前，都没有确切的证据。他在庄子以前，固然用不着说。就是把他当为中国哲学的鼻祖，似乎也仍然可以成立？比如《周易》的卦爻辞，时代大致比较孔子为早，这最大家所能承认的。但是他已经在讲"小往大来,大往小来,无平不陂,无往不复"的大道理。(《十三经注疏·周易》卷二第二十一一二三页。)就是诗人也懂得"高岸为谷,深谷为陵"的原则。再进一步,便是老子所说:

> 知其雄,守其雌,为天下谿;知其白,守其辱,为天下谷。(《庄子集释》卷下第二十一页,通行本。)

的无为而无不为之哲学了。《论语》的纂辑,虽然比较的后,看他受老子的影响,就已经不少。比如《泰伯》说"巍巍乎舜、禹之有天下也,而不与焉。""大哉尧之为君也……荡荡乎民无能名焉。"以及《卫灵公》篇的"无为而治者,其舜也欤"(《十三经注疏·论语》卷八,第六页。又卷十五,第二页。)都明是老子的思想。或者老子比较孔子稍前,也未可知。这里似乎说的太泛了,我们再回头叙一叙中国古代哲学的派别。最初的分派,当然要算《庄子·天下》篇、《荀子·非十二子》篇,再下来便是《淮南子》的《要略》,《太史公自叙》以及《汉书·艺文志》的九流十家。这种分类,在现在都已不大适用,最近普通的分法,是将古代哲学分为道家、儒家、墨家、法家,就是梁任公先生所说的四大潮流。这种分法在政治思想上来说,固然可以成立。若就哲学全体来讲,法家仅是集合儒、道、墨三家的学说，而略为加以修正；并且所修正的，也仅限于政治原理一小部分。是否可以独树一帜，确是一个疑问。好在本书另有专论荀子与古代政治的一节，这里只好请法家的诸位先生暂为退席，让我们略为讨论荀子与儒、道、墨三家在哲学史上的关系。

二、荀子性说与儒家

中国古书里头讲到性字的，最早恐怕要算《书》经中《召诰》所说的"节性惟日其迈"（同，《尚书》卷十五，第九页。）句，这里既谓节性，似和节欲相同，性字似已含有不好的意思。这或者是出于后来儒家的修饰？荀子的性恶说是否与此有关，我们还不敢肯定的说。至于正式讲到性的问题，大概最早就是孔子所说的"性相近也，习相远也。"和"唯上智与下愚不移"几句话。（同，《论语》卷十七，第二页。）这可以说是最初提出这个问题。他这两句话，虽然比后人说得圆滑，实际是很虚泛的。似乎那时候，还没有真正成为哲学上的大问题？所以子贡说"夫子之言性与天道，不可得而闻也"（同，卷五，第六页。）天道在那时候，已成强弩之末；性的问题，在那时候，大致是还未十分被人注意。等到孟子的时候，对于这一个问题，才大有发展。虽然孟子主张性善，而孟子以外的人，却另有很多的主张。据公都子说就有下列三派：

一、告子曰：性无善无不善也。

二、或曰：性可以为善，可以为不善。

三、或曰：有性善，有性不善。（同，《孟子》第十一上第六—七页。）

再据王充《论衡》说更有一派，是

四、性有善有恶。

这一派似乎起来较早？王充说：

周人世硕以为人性有善有恶，举人之善性养而致之，则善长；恶性养而致之，则恶长。如此则性各有阴阳善恶，在所养焉。故世子作《养书》一篇。宓子贱、漆雕开、公孙尼子之徒，亦论情性，与世子相出入，皆言性有善有恶。（《论衡》卷三，第八页。通行评注本。）

世硕的时代，虽不可考，宓子贱、漆雕开都是孔门弟子，大致年代相近？充说虽不一定可信，看公都子的说法，孟子以前，或已有此一派？这些学派，大概都给了荀子一部分的暗示。最重要的是告子，因为告子的论性，虽是如公都子所说的"无善无不善"，所以他说：

> 性，犹湍水也，决诸东方则东流，决诸西方则西流。人性之无分于善不善也，犹水之无分于东西也。(《十三经注疏·孟子》卷十一上第二页。)

而实际他因为要反对性善，就给了荀子很大的影响。比如他说"生之谓性"，就是荀子说的"生之所以然者谓之性。"(《荀子集解》卷十六第一页。)又如他说"食色性也"，就是荀子说的"生而有耳目之欲，有好声色焉。"(同，卷十七，第一页。)最明白的就是他说：

> 性犹杞柳也，义犹桮棬也。以人性为仁义，犹以杞柳为桮棬。(《十三经注疏·孟子》卷十一上第一页。)

虽然他的主张与荀子不同，这里已经明说仁义不是人的本性，所以孟子骂他会要"戕贼人以为仁义"。我们再看《荀子·性恶》篇说：

> 凡礼义者，是生于圣人伪，非故生于人之性也。故陶人埏埴而为器，然则器生于陶人伪，非故生于陶人之性也。故工人斫木而成器，然则器固生于工人之伪，非故生于工人之性也。(这段文字是从王念孙改订，但是仍然不通，陶人之性、工人之性，应当是埴之性、木之

性的错误。)(《荀子集解》卷十七,第二页。)

这与告子的说法实际没有大的分别。但荀子却直接主张戕贼人性,孟子可谓有了先见之明。所以我们就说荀子性恶说是出于告子,也无不可。再有一点就是胡适说:"荀子虽说性恶,其实是说性可善可恶。"(《中国哲学史大纲》卷上第三百三十七页。)胡氏这一说,据我看是不很对。荀子是说"人可善可恶",绝不是说"性可善可恶"。我们看《性恶》篇说:

> 涂之人可以为禹,曷谓也?曰:凡禹者,以其为仁义法正也。然则仁义法正,有可知可能之理,……今以仁义法正为固无可知可能之理耶?然则虽禹不知仁义法正,不能仁义法正也。(《荀子集解》卷十七,第四页。)

涂之人可以为禹,是伪的关系,是可以做到如此,不是生来如此。胡氏的说法,根本就与荀子性的界说不对。不过荀子书中,也有一派专讲习惯论的,比如《荣辱》篇说:

> 可以为尧、禹,可以为桀、跖,可以为工匠,

可以为农贾,在注错习俗之所积耳。(同,卷二,第十一页。)

虽然这还没有明说性可以为善,可以为恶,但是专讲习,就是不承认性恶了。并且他又说:

> 汤、武存则天下从而治,桀、纣存则天下从而乱,岂非人之情固可与如此,可与如彼也哉?(同,第十二页。)

荀子说情也是性,(详下)这简直已经承认"性可以为善,可以为不善。"公都子所举的第二派性说是:

> 或曰:性可以为善,可以为不善,是故文、武兴则民好善,幽、厉兴则民好暴。(《十三经注疏·孟子》卷十一上第七页。)

和这里所说全无差别。这一派主张习惯论的,名义上虽然仍然是以《荀子·性恶论》作基础,并且比较的更为圆通。但是失去了荀子一种主要精神。这种精神是什么?便是一个"伪"字。我们看荀子的根本主张是:

人之性恶，其善者伪也。(《荀子集解》卷十七，第一页。)

再看他替性情伪三个字下的定义：

《正名》：生之所以然者，谓之性。性之和所生，精合感应，不事而自然，谓之性。性之好恶喜怒哀乐谓之情。然而心为之择，谓之虑。心虑而能为之动，谓之伪。虑积焉能习焉而后成，谓之伪。(同，卷十六，第一页。)

便可知道荀子所谓可以为善，不是性的作用，也不是情的作用，乃是心虑而能为之动的一个伪字的作用。这种人为主义，是荀子哲学中一种主要精神，而那一派习惯论者，却只讲到一句能习焉，把上面的虑积焉三个字都摔丢了。荀子说"故圣人化性而起伪"(同，卷十七，第二页。)，他们却只看见化性两个字，且将化性两个字的原义，也大部失去了。这个中间的区别，非常明显，伪是一种积极勇敢的精神，是要自己择善而从。习是一种消极因循的精神，只能因人而化。所以我疑心这是荀子以后的人，要想修正荀子的学说所作。(看本书第一章第二节)这种学说的结论，是"居楚而楚，居越而越，居夏而夏"(同，卷十七，第二页。)，与荀子本义相差很远，只可以代表这一派。但是我们回头来看荀子书中所有的性说,《孟子》书中都已差不多是具体而微。这中间关系,是何等的明了？这是荀子性说正面的来源。再就反面来说,荀子的性恶,全是对孟子性善说而发。我们看《性恶》篇说:

> 孟子曰：今人之性善,将皆失丧其性故也。曰：若是则过矣。今人之性,生而离其朴,离其资,必失而丧之。用此观之,然则人之性恶,明矣。(同,卷十七,第一——二页。)

这一段正对孟子的"非天之降才尔殊也,其所以陷溺其心者然也"而说。(《十三经注疏·孟子》卷十一上第九页。)可谓针锋相封。《性恶》篇又说:

> 孟子曰：人之性善。曰：是不然。凡古今天下之所谓善者,正理平治也；所谓恶者,偏险悖乱也；是善恶之分也已。今诚以人之性固正理平治耶？又恶用圣王,恶用礼义也哉？虽有圣王礼义,将曷加于正理平治也哉？(《荀子集解》卷十七,第三页。)

这一段对于孟子所说的：

> 恻隐之心，人皆有之；羞恶之心，人皆有之；恭敬之心，人皆有之；是非之心，人皆有之。恻隐之心，仁也；羞恶之心，义也；恭敬之心，礼也；是非之心，智也。仁义礼智，非由外铄我也，我固有之也。（《十三经注疏·孟子》卷十一上第七页。）

也可说是正面的攻击。所以他的性恶说，确是孟子主张性善的反响。但是他何以会发生这种反响；这又因为时势背影的关系。战国时代人心的狡诈，我们只要一翻《战国策》，便可了然。刘向的《战国策叙录》说：

> 并大兼小，暴师经岁，……愍然道德绝矣，晚世益甚。……贪饕无耻，竞进无厌，……力功争强，胜者为右，兵革不休，诈伪并起。（《战国策》目录第三页。）

这并没有一点铺张。荀子看了这种人心，那能不激为性恶之论。太史公说"荀卿嫉浊世之政，亡国乱君相属，"便是要说明性恶论的来源。请看《性恶》篇说：

> 今人之性，生而有好利焉，顺是故争夺生而辞让亡焉；生而有疾恶焉，顺是故残贼生而忠信亡焉；

生而有耳目之欲，有好声色焉，顺是故淫乱生而礼义文理亡焉。(《荀子集解》卷十七，第一页。)

这是荀子目验当时的情形，也就是他主张性恶一部分的根据。所以荀子的性恶说，又可说是时代背影的反响，是荀子性恶论反面的原因。上面所说，大体是荀子性说与以前的儒家哲学的关系，自然荀子自己也是儒家中的一个主角，而且他与孟子的性说，同是儒家哲学中的精采。至于荀子性恶论的根据，我可以取《性恶》篇的"善言古者必有节于今"(同，第三页。)一句话来代表。这就是说"有征于古，而且有验于今"。怎么是有征于古？他说：

    故性善则去圣王，息礼义矣；性恶则与圣王，贵礼义矣。故檃栝之生，为拘木也；绳墨之起，为不直也；立君上，明礼义，为性恶也。(同，第三—四页。)

就是说古来所以要立君制礼，便是性恶的证据。所以他在《礼论》又说"先王恶其乱也，故制礼义以分之。"(同，卷十九，第一页。)立君制礼，是因为人要争乱；人要争乱，便是性恶了。怎么是有验于今？他说：

> 今当试去君上之执，无礼义之化，去法正之治，无刑罚之禁，倚而观天下人民之相与也，若是则夫强者害弱而夺之，众者暴寡而哗之，天下之悖乱而相亡，不待顷矣。用此观之，然则人之性恶矣，其善者伪也。（同，卷十七，第三页。）

这就说你如果不相信性恶，眼前就可以试验，只要将限制他们的工具一去，即刻就会作起恶来。他这种根据，固然不能说是十分健全，但是有他的心理学做帮助，比较孟子的性善说，不能不承认较为完密。

三、荀子的心理学与道家

荀子的心理学，在古代哲学中间，可以说是首屈一指。大致讲起来，可以分为两部分：第一部是他对于心理学全体的分析，与其各种关系的解释。第二部是他专对于心的内容和作用的考究。他对于心理学全体的分析，中间主要的名辞，约有五种：

性。荀子对于性的定义和界说，下得颇为不少。现在选择两条重要的如下：

> A.《性恶》篇：凡性者，天之就也，不可学、不可事。……不可学、不可事而在人者，谓之性。（同，

第一页。)

B.《正名》篇：生之所以然者，谓之性。性之和所生，精合感应，不事而自然者谓之性。(同，卷十六，第一页。)

就这两条可以知道性是一种先天的本能，但是泛义的说，也可包括自然发出的情欲，所以他说精合感应四个字。比如《性恶》篇又说"今人之性，饥而欲饱，寒而欲暖，劳而欲休，此人之情性也。"(同，卷十七，第二页。)就可见情性两字，没有甚么分别。

情。荀子对于情字的界说，就是《正名》篇的两条：

A.性之好恶喜怒哀乐，谓之情。
B.情者，性之质也。(同，卷十六第一页，又第七页。)

他所谓情，就是性之外面的一种具体的现象。情虽然是根于性，但是就广义的说，情与性没有大的分别，倒反像性的本体。

三、欲。荀子说欲的定义，就是《正名》篇的一句："欲者，情之应也。"(同上)就是说情要感物而动，便成为欲。所以他说："欲之多寡、异类也，情之数也。"又说："亡于情之所欲。"(同，第七页。)都是这个道理。若广

义的说，欲也是出于性。所以他说，"故虽为守门，欲不可去，性之具也。"（同，右）

四、荀子对于心的界说，也有左列两条：

A.《正名》篇：心者，道之主宰也。（同，第五页。）
B.《解蔽》篇：心者，形之君也，而神明之主也，出令而无所受令。（同，卷十五，第五页。）

后面一条，意义非常明显，就是说心是人之物质、精神两方面的总主持机关。前面一条是讲心的作用，他以为能够有节制情欲使合于道的权力的东西，便是这一颗心。所以他说"故欲遇之而动不及，心止之也，……欲不及而动过之，心使之也。"（同，卷十六，第七页。）

五、虑。荀子对于虑的界说，是：

《正名》篇：情然而心为之择，谓之虑。（同，卷十六，第一页。）

这里的虑，是包括思考和判断两种意义。不过荀子对于这一方面似乎不大很注意层次的差别。

就上面的分析来看，荀子是把心理现象分为两部分。一部分是性，情欲者是性的表现。一部分是心，虑就是心的作用。这两部分的关系，就是以心来节性。

> 《正名》篇：欲不待可得，而求者从所可。欲不待可得，所受乎天也。求者从所可，受乎心也。……故欲过而动不及，心止之也。心之所可中理，则欲虽多，奚伤于治？欲不及而动过，心使之也。心之所可失理，则欲虽寡，奚止于乱？故治乱在于心之所可，亡于情之所欲。(同，卷十六，第七页。)

他的性恶论，假使没有这个心来补救，就很难圆满。有了这一种心理的说明，我觉得就比孟子的性善说，更为完密了。关于荀子个人心理全体的解释，已经略为叙明。再回头看荀子以前的人，关于这方面的解释。孔子对于心和性，虽没有下解释，看他说"饱食终日，无所用心""回也其心三月不远仁"(《十三经注疏》卷十七，第十页。又卷六，第三页。) 这两个心字，与"性相近也"的性，当然是不同。大概与荀子所说，没有多的差别，不过还没有讲到他们的关系。墨家是根本没有谈性的问题，《墨经》里的"心之察也""心之辩也"(《墨子间诂》卷十，第六页。家刻本。) 大致也与荀子相合，没有甚么关系。最奇怪的是孟子，他却弄得心性差不多没有大的分别？所以心性两个字，每每连用。比如他说"所以动心忍性，曾益其所不能。"(《十三经注疏·孟子》卷十二下，第十二页。)又如：

> 《尽心章》：尽其心者，知其性也；知其性，则知天矣。存其心，养其性，所以事天也。(同，第十三上，第二页。)

孟子的心和性，很像荀子的性和情。看他说性，一共用了才情心性四个字：

> 《告子上》：孟子曰：乃若其情，则可以为善矣，乃所谓善也。若夫为不善，非才之罪也。恻隐之心，人皆有之；羞恶之心，人皆有之；恭敬之心，人皆有之；是非之心，人皆有之。……(同，卷十一上，第七页。)

又说：

> 富岁子弟多赖，凶岁子弟多暴，非天之降才尔殊也，其所以陷溺其心者然也。……如使口之于味也，其性与人殊，若犬马之与我不同类也，则天下何耆皆从易牙之于味也？……故曰口之于味也，有同耆焉；耳之于声也，有同听焉，……至于心，独无所同然乎？……圣人先得我心之所同然耳。(同，第九页。)

第二章 本　论

又说：

> 牛山之木尝美矣，……人见其濯濯也，以为未尝有材焉，是岂山之性也哉？虽存乎人者，岂无仁义之心哉？……人见其禽兽也，而以为未尝有才焉者，是岂人之情也哉？（同，卷十一下，第一页。）

这几个字，虽然不能说全无分别，他们的界限，确实不容易分得清楚。荀子对于心理名辞特别的加了注解，虽然是受了名学的影响，与此也不无关系。我们现在要言归正传，讲到道家了。《老子》《庄子》两部书，都不可靠，不过另外没有材料，我们也只能略为加以选择来大略的说一说，《老子》没有讲到性，他所谓"虚其心，实其腹"（老子《道德经》上第二页。通行本。）一类的心字，大概都是承认心为知识思想的总机关。《庄子》里却有性字了，但是内篇中还没有外篇这样大谈其性。是否算得荀子以前的学说，还不敢定，姑且略举几条以为旁证。

> 一、《马蹄》篇：马蹄可以践霜雪，毛可以御风寒，龁草饮水，翘足而陆，此马之真性也。……陶者曰：我善治埴，圆者中规，方者中矩。匠人曰：我善治木，曲者中钩，直者应绳。夫埴、木之性，岂

欲中规矩、钩绳哉？（《庄子集释》卷四，第七—八页。）

二、《天道》篇：老聃曰：请问仁义，人之性耶？孔子曰：然。君子不仁则不成，不义则不生；仁义，真人之性也。……老聃曰：……意！夫子乱人之性也。（同，卷五，第二十一—二十一页。）

三、《骈拇》篇：彼正正者，不失其性命之情，……故性长非所断，性短非所续，无所去忧也。意仁义其非人情乎？彼仁义何其多忧也？……且夫待钩绳规矩而正者，是削其性也。（同，卷四，第三—四页。）

《庄子》外篇所讲到的性，大致都是自然之性。虽然他所谓性，绝不是荀子所谓情欲之性，但是假使果真是在荀子以前，那么上面所举的几条，都要给荀子性恶论以很大的暗示。而且他所谓天性，与荀子性的定义，更有直接的关系。但《庄子》书中的心，却似乎没有一定的性质。比如《逍遥游》说"则夫子犹有蓬之心夫？"《齐物论》说"形固可使如槁木，而心固可使如死灰乎？"（同，卷一，第十三页。又第十五页。）这和老子、荀子所谓心，都没有甚么大的分别。但是《大宗师》说"是之谓不以心捐道，不以人助天。"（同，卷三，第三页。）这个心似又专指人欲的私心，与荀子的情欲相近了。有时直接叫

第二章 本 论

着"贼心"和"机心",比如《天地》篇说:"举灭其贼心"与"机心存于胸中,则纯白不备",(同,卷五,第八—九页。)都是指的人欲,大致道家认欲也是心的一部分,和孟子认一部分善的情感,如所谓"恻隐之心,羞恶之心,……""不忍人之心"也算是心的一部,大致相类。我看他们同是把心里所藏有的东西分为两部:一部是他们所以为善的,(道家在名义上是不承认为善)便是性。一部是他们所认为恶的,便是欲。所以道家要去欲,谓之虚心;孟子要养性,谓之存心。都没有荀子分析得明了。以外还有《中庸》和《大学》两书,也都有心理的说明。不过《大学》是无名氏的著作,俞正燮谓:"《大学》本汉时诗书博士杂集。"(《癸巳存稿》卷二,第二十一页。姚刊本。)日人武内博士研究《大学》三纲领八条目的完成的历史,更认为出在董仲舒以后(《老子原始》附《〈大学〉篇成立年代考》第二七五页。)所以我把他放在后论,《荀子与汉儒》一章,再来讨论。《中庸》一篇,太史公虽然说过"子思作《中庸》"(《史记》卷四十七,第十二页。)看他说"今天下车同轨、书同文、行同伦。"(《十三经注疏·礼记》卷五十三,第九页。)明明是秦以后人的口吻。就退一步说有一部分或许是真的,但是看他开口便说"天命之谓性,率性之谓道",(同,卷五十二,第一页。)这很像从道家的性说出来?再看他:

> 自诚明谓之性，自明诚谓之教。诚则明矣，明则诚矣。唯天下至诚为能尽其性；能尽其性，则能尽人之性；能尽人之性，则能尽物之性，则可以赞天地之化育；可以赞天地之化育，则可与天地参矣。（同，卷五十三，第二—三页。）

诚就是天性，所以他说"诚者，天之道也。"自诚明就是生来自然如此，所以他说"诚者不勉而中，不思而得，从容中道。"自明诚便是"修道之谓教"，要学才能如此，所以他说"诚之者，人之道也。"又说"诚之者择善而固执者也。"（同，第一页。）他这种说法，是根据孟子说的"尧、舜性之也，汤、武反之也"的道理（同，《孟子》卷十四下第五页。）下面尽性一段，是从孟子"知其性则知天矣"的话引申。所谓择善而固执者也，又很像有受荀子积善说的嫌疑？胡适将他置在孟子以前，恐怕不免因果倒置了。以外他对于心理上的说明，只有下列两句：

> 喜怒哀乐之未发谓之中，发而皆中节谓之和。（同，《礼记》卷五十二第一页。）

中与荀子的情相近，和是荀子以心制欲的结果。假使真比荀子稍前，或者能给荀子一部分的暗示。

第二章 本 论

这一大段都还是说的荀子心理学的第一部分，而最重要的第二部分，还未曾叙及。现在请略一叙他对于心的内容的说明。他以为心能够辨别是非，使合于道，因为心有下列三种作用：

《解蔽》篇：人何以知道？曰心。心何以知？曰：虚一而静。心未尝不藏也，然而有所谓虚。心未尝不两也，然而有所谓一。心未尝不动也，然而有所谓静。（《荀子集解》卷十五，第四页。）

他对于这三种作用状况的说明，是：

一、人生而有知，知而有志，志也者，藏也。然而有所谓虚，不以所已藏害所将受，谓之虚。

二、人生而有知，知而有异。异也者，同时兼知之。同时兼知之，两也。然而有所谓一，不以夫一害此一，谓之一。

三、心卧则梦，偷则自行，使之则谋，故心未尝不动也。然而有所谓静，不以梦剧乱知，谓之静。（同，右）

他这种心理的观察，比较算很精明了。但他的来原在那里？我说荀子的心理学，完全出于道家。所以他说：

> 未得道而求道者，谓之虚一而静，作之，则将须道者虚之，虚则入；将事道者一之，一则尽；将思道者静之，静则察。……虚一而静，谓之大清明，万物莫形而不见，莫见而不论，莫论而失位。（同，第四—五页。）

实际就是道家教人体道的一种法子。最明白的证据，是他引《道》经曰："人心之危，道心之微"（同，第六页。）两句话。他又说：

> 故仁者之行道也，无为也。圣人之行道也，无强也。……此治心之道也。（同，第七页。）

也可为证。我们看《老子》说：

> 致虚极，守静，万物并作，吾以观复。（老子《道德经》上第六页。）

便是他利用虚和静两种心理的明证。《庄子·天道》篇说：

> 水静则明，烛须眉，平中准，大匠取法焉。水静犹明，而况精神圣人之心静乎？天地之鉴也，万

物之镜也。夫虚静恬淡，寂漠无为者，天地之平，而道德之至，故帝王圣人休焉。休则虚，虚则实，(实)则伦矣；虚则静，静则动，动则得矣。(按当作：静则动者得矣)(《庄子集释》卷五，第十五页。)

这与荀子所说"故人心譬如盘水，正错而勿动，则湛浊在下，而清明在上，则足以见须眉而察理矣。"(《荀子集解》卷十五，第六页。)完全是同一样的道理。又如《庄子·天地》篇说：

> 机心存于胸中，则纯白不备；纯白不备，则神生不定；神生不定者，道之所不载也。(《庄子集释》卷五，第九页。)

这也与荀子所谓"凡观物有疑，中心不定，则外物不清"相同。(《荀子集解》卷十五，第七页。)《大宗师》所说：

> 安时而处顺，哀乐不能入也，此古之所谓县解也；而不能自解者，物有结之。(《庄子集释》卷三，第十二页。)

更为明白。就是"一"字也是《老子》所提出，比如"抱一以为天下式""天得一以清，地得一以宁"。（老子《道德经》上第十页。又卷下第二页。）他所谓一，固然与《庄子》的"凡物无成与毁，复通为一""唯达者知通为一"相同。（《庄子集释》卷一，第二十三页。）但是内部的精神，就是万物平等、不胶于一物。所以《庄子》又说：

> 莛与楹，厉与西施，恢恑憰怪，道通为一。（同，右）

这与荀子"不以夫一害此一"的道理，也相差不远。比如《逍遥游》说"小知不及大知，小年不及大年。"以及《大宗师》说：

> 故其好之也一，有弗好之也一，其一也一，其不一也一。其一与天为徒，其不一与人为徒。天与人不相胜也，是之谓真人。（同，卷三，第五一六页。）

就很与"不以夫一害此一"的道理接近。《大宗师》又说：

> 古之真人，不知说生，不知恶死；其出不欣，其入不距；翛然而往，翛然而来而已矣。（同，第二页。）

第二章 本 论

便是荀子说的"不以所已藏害所将受"的大道理。《养生主》所说"适来夫子,时也;适去夫子,顺也。安时而处顺,哀乐不能入也。"(同,卷二,第四页。)也与此相同。再如《齐物论》说:

> 至人神矣,大泽焚而不能热,河汉冱而不能寒,疾雷破山、飘风振海而不能惊。若然者,乘云气,骑日月,而游乎四海之外,死生无变于己,而况利害之端乎?(同,卷一,第三十页。)

这中间便已含有不以梦剧乱知的道理。庄子是认死生为一场大梦的,所以他说:"且有大觉,而后知此其大梦也。而愚者自以为觉,窃窃然知之。"(同,第三十三页。)而他所谓真知,乃是超于一切死生利害及普通人以为知识之外的道,所以这段所说就是不以梦剧乱知的道理。总而言之,荀子之所谓心,便是直接由道家之所谓道,体念出来。所以他所说心之判断是非的标准,也完全就是一个道字。所谓道的解释,固然不一样,而他的作用,是相同的。我再引《庄子》一段话来做荀子心理学的小影:

> 《天地》篇:视乎冥冥,听乎无声。冥冥之中,独见晓焉;无声之中,独闻和焉。故深之又深,而

能物焉。

神之又神，而能精焉。故其与万物接也，至无而供其求，时骋而要其宿。（同，卷五，第三页。）

以下我想不用多说了。但是我还总结一句，就是荀子的心理学，不仅是这一部分，是直接由道家出来，而前面所说的第一部分，也是根据这种虚一而静的观察而得。

四、荀子的名学与墨家

讲到荀子的名学，不可不先看各家名学的大概。先秦各家的名学，略可分为两派：一派是对于名学的破坏，一派是对于名学的建设。现在且先讲破坏的一派，第一个便是老子的无名主义。他说：

道常无名，朴，虽小，天下莫敢臣。候王若能守之，万物将自宾。天地相合，以降甘露，民莫之令而自均。始制有名，名亦既有，夫亦将知止。知止，所以不殆。（老子《道德经》上第十五页。）

因为他承认名是知识的利器，他要使民无知无欲，所以他要主张无名。其次就是杨朱。杨朱的学说仅在《孟子》和《列子》里面讲到一点。《列子·扬朱》篇说：

> 实无名，名无实。名者，伪而已矣。(《列子》卷下第八页。通行本。)

他以为名是人为的空名，实际上与实物没有相干。比如孔子说的"觚不觚"，实际已经不成为觚了，名却依然叫着觚。所以人生在世，何苦守名来累实呢？他这个说法，与荀子所说的：

> 名无因实，约之以命，约定俗成，谓之实名。(《荀子集解》卷十六，第四页。)

似乎很有关系。再其次便是庄子。庄子的名学，是对于辩的破坏，不仅是和老子、杨朱一般人专主张无名就算了。固然他也尝说"圣人无名"，又说"名者，实之宾也"，(《庄子集释》卷一，第八页。) 但是他的名学的重要部分，是他主张世界上没有真的是非同异的差别。看他说：

> 是亦彼也，彼亦是也。彼亦一是非，此亦一是非。果且有彼是乎哉？果且无彼是乎哉？彼是莫得其偶，谓之道枢。枢始得其环中，以应无穷。是亦一无穷，非亦一无穷也。(同，第二十二页。)

可见是非彼此的争论，永久没有一定，我们还是超于是非彼此之外，不要加以差别的好。所以他说：

> 与其誉尧而非桀也，不如两忘而化其道。（同，卷三，第六页。）

这都是破坏一派。他们对于荀子的名学，直接的关系，虽然不多。但是惠施的名学，就受庄子影响很大。而荀子与惠施一般人的关系，非常密切，中间也不能说无关系。现在且讲建设的一派，第一个就是孔子的正名主义。《论语·子路》篇说：

> 名不正，则言不顺；言不顺，则事不成；事不成，则礼乐不兴；礼乐不兴，则刑罚不中；刑罚不中，则民无所措手足。（《十三经注疏·论语》卷十三，第一——二页。）

这与《荀子·正名》篇"所为有名"一条所说：

> 异形离心交喻，异物名实互纽，贵贱不明，同异不别，如是则志必有不喻之患，而事必有困废之祸。（《荀子集解》卷十六，第二页。）

大旨相同。荀子所谓明贵贱,正是孔子所倡的君君、臣臣、父父、子子的正名主义这个关系,胡适早说过了。(《中国哲学史大纲》卷上第九十六页。)其次便是墨子的三表法。《非命上》说:

> 言必立仪。言而无仪,譬犹运钧之上而言朝夕者也。是非利害之辨,不可得而明知也。故言必有三表。何谓三表?……有本之者,有原之者,有用之者。于何本之?上本之于古者帝王之事;于何原之?下原察百姓耳目之实;于何用之?发以为刑政,观其中国家百姓人民之利。此所谓言有三表也。(《墨子间诂》卷九,第一——二页。)

这是墨子的辨证法。比孔子专讲要正名,没有谈方法的也明明进了一步。墨子所谓"言必立仪"与荀子所说的:

> 凡议必将立隆正,然后可也。无隆正则是非不分,而辨讼不决,故所闻曰"天下之大隆,是非之封界,分职名象之所起,王制是也。"故凡言议期命,以圣王为师。(《荀子集解》卷十二,第九页。)

精神很相近，虽然荀子在这里似乎仅仅用了他的第一表。其实荀子所谓圣王，是：

> 圣也者，尽伦者也；王也者，尽制者也；两尽者，足以为天下极矣。(同，卷十五，第九八页。)

其含义比较墨子的古者帝王之事为大。看《正名》篇说：

> 后王之成名：刑名从商，爵名从周，文名从礼。散名之加于万物者，则从诸夏之成俗曲期。远方异俗之乡，则因之而为通。(同，卷十六，第一页。)

则已经包含有第二、第三表在内。并且荀子尤其注意第二表的"原察百姓耳目之实。"比如他正名的三种方法：

> 一、见侮不辱，圣人不爱己，杀盗非杀人也。此惑于用名以乱名者也。验之以所为，有名而观其孰行，则能禁之矣。
> 二、山渊平，情欲寡，刍豢不加甘，大钟不加荣。此惑于用实以乱名者也。验之所缘以同异，而观其孰调，则能禁之矣。

三、非而谒,楹有牛,马非马也。此惑于用名以乱实者也。验之名约,以其所受、其所辞,则能禁之矣。(同,第四—五页。)

第一种与孔子有关,前面已经讲到,就是名不正则事不成。也与墨子的第三表,"发以为刑政,观其中国家百姓人民之利"相同。第二种"所缘以同异",是缘天官。据他自己说,是:

凡同类同情者,其天官之意物也同,故比方之疑似而通,是所以共其约名以相期也。形体色理以目异,调竽奇声以耳异,……心有征知,则缘耳而知声可也,缘目而知形可也。然而征知必将待天官之当簿其类,然后可也。五官簿之而不知心,微子而无说,则人莫不谓之不知,此所缘以同异也。(同,第三页。)

那么完全是本于百姓耳目之实,是利用一种普通心理,与墨子第二表相合。第三种"验之名约",就是他自己说的。

名无固宜,约之以命。约定俗成,谓之宜。异于约,则谓之不宜。(同,第四页。)

全是利用一种普通习惯，比如大家说是便承认是是，说非便承认是非，这也是墨子的第二表。荀子名学与墨子的关系，在这里大致可以明白了。以下再讲别墨。胡适将惠施、公孙龙一般辩者之徒，都归在别墨一类，就学术上的眼光来看，大致是可以成立。惠施在名学上，是立于破坏与建设的中间。看庄子《天下》篇说：

> 惠施多方，其书五车，其道舛驳，其言也不中。历物之意曰：至大无外，谓之大一；至小无内，谓之小一。无厚，不可积也，其大千里。天与地卑，（比也）山与泽平。日方中方睨，物方生方死。大同而与小同异，此之谓小同异；万物毕同毕异，此之谓大同异。南方无穷而有穷。今日适越而昔来。连环可解也。我知天下之中央，燕之北、越之南是也。泛爱万物，天地一体也。惠施以此为大，观于天下而晓辩者。天下之辩者，相与乐之。卵有毛。鸡三足。（《孔丛子》又有臧三耳）郢有天下。犬可以为羊。马有卵。丁子有尾。火不热。山出口。轮不蹍地。目不见。指不至，至不绝。龟长于蛇。矩不方，规不可以为圆。凿不围枘。飞鸟之影，未尝动也。镞矢之疾，而有不行不止之时。狗非犬。（《列子》有白马非马）黄马骊牛三。（《公孙龙子》有坚白石二）白狗黑。孤

驹（《列子》作孤犊）未尝有母。一尺之棰，日取其半，万世不绝。辩者以此与惠施相应，终身无穷。桓团、公孙龙辩者之徒，饰人之心，易人之意，能胜人之口，不能服人之心，辩者之囿也。(《庄子集释》卷十，第二十三—二十六页。)

惠施所说的十条，胡适以为前九条是九种辩证，后一条是断案。(《中国哲学史大纲》卷上，第二百二十九页。)可见他的目的，是在说明天地万物为一体，他的精神是从庄子出来，近于一种破坏的建设。但是因此而引起一班辩者的科学的名学，比如"一尺之棰，日取其半，万世不绝"之类，这中间的关系，也就不小。公孙龙等和《天下》篇所谓别墨，都已是属于科学的名学。《天下》篇的作者却要大骂他们的不然，犹如荀子也要骂他们是"惑于用名以乱名""惑于用实以乱名"和"惑于用名以乱实"一样，由于所取的态度，是根本不同。荀子的名学，全是因为这般人的关系，生出来的反响。所以他说：

> 今圣王没，名守慢，奇辞起，名实乱，是非之形不明，则虽守法之吏、诵数之儒，亦皆乱也。(《荀子集解》卷十六，第二页。)

不过荀子的名学实际上受这般人的利益，也就不小。现在且就《墨辩》来说荀子正名的第一步"所为有名"一条，所谓"上以明贵贱，下以别同异，"便与《墨子·小取》篇的：

> 夫辩者，将以明是非之分，审治乱之纪，明同异之处，察名实之理……（《墨子间诂》卷十一，第九页。）

很有关系。这也是前人说了的。再看他的第二步"所缘以同异"一条说：

> 心有征知。征知，则缘耳而知声可也，缘目而知形可也。然而征知必将待天官之当簿其类然后可也。五官簿之而不知，心征之而无说，则人莫不谓之不知。（同前）

这是荀子的知识论。荀子分知为两种：

一、所以知之在人者，谓之知。……天官（包含天官与物接触发生的感觉）。
二、知有所合谓之知。……心知（《荀子集解》卷十六第一页）。

与《墨经》分：（一）知，材也。（二）知，接也。（三）智，明也。(《墨子间诂》卷十，第一—二页。)分知觉为三个分子，略有不同。但是荀子所谓天官之当簿其类，当簿两个字便是接字的注解。这两者之间，我认为很有关系。不过荀子的心理学，只得心性两部，他认为天官与物相接，也是本能的作用罢了。第三步是"制名之枢要"，中间讲有名的分类一段，现在引之如下：

> 同则同之，异则异之。单足以喻则单，单不足以喻则兼，单与兼无所相避，则共，虽共不为害矣。知异实者之异名也，故使异实者莫不异名也，不可乱也；犹使异实者莫不同名也。故万物虽众，有时而欲徧举之，故谓之物。物也者，大共名也。推而共之，共则有（又）共，至于无共然后止。有时而欲徧举之，故谓之鸟兽。鸟兽也者，大别名也。推而别之，别则有别，至于无别然后止。(《荀子集解》卷十，第三—四页。)

他分名为共、别两类，其别就是同异，这是由惠施一般人的大同异而来，无共就是毕异，无别就是毕同。虽然他与《墨经》说的（一）达、（二）类、（三）私，分名为三种的，也略有不同，道理却是一贯。

《经上》：名：达、类、私。说曰：名：物、达也、有实必待文名也。命之马，类也，若实也者必以是名也。命之臧，私也，是名也，止于是实也。（《墨子间诂》卷十，第二十七页。）

总之，这都可以见得他受别墨影响的地方。不过荀子与别墨中间，自有一个最大的差别。就是荀子的名学，建筑在应用主义上，专门以普通的心理和习俗为标准，而别墨却是一种纯粹科学的态度，他们要纠正普通心理和习俗见解的错误。现引《小取》篇一段如下：

获事其亲，非事人也。其弟，美人也；爱弟，非爱美人也。车，木也；乘车，非乘木也。船，木也；乘船，非乘木也。盗，人也；多盗，非多人也；无盗，非无人也。奚以明之？恶多盗，非恶多人也；欲无盗，非欲无人也。世相与共是之。若若是，则虽盗，人也；爱盗，非爱人也；不爱盗，非不爱人也；杀盗，非杀人也。无难矣。此与彼同类，世有彼而不知非也，墨者有此而蜚之，无也故焉，所谓内胶外闭，与心毋空乎？内胶而不解也，此乃是而不然者也。（同，卷十一，第十一—十二页。）

可见墨家是用以类取以类予的归纳法，来证明俗见的谬误。这一节就是说这个道理本来是的，世俗却不以为然。这正是他们心里胶闭不解之弊。这一点是他们与荀子完全不同的地方，也就是遭荀子骂的原因。

五、结论

荀子的哲学，大略已如上面所叙。性恶是他哲学的本体，心理和名学是他哲学的精粹。以外只有《天论》和《礼论》，也比较的算具有一种特色。《天论》的本身，虽不能算是甚么哲学，不过他那种注重人为的精神，也就是他哲学观念的基础。《天论》的来原，看了本节的第一段，已可得一个大概的观念，详细的等到下节再说。《礼论》是他的政治哲学，完全根据性恶论出发，所谓礼便是化性起伪的工具，以后再有专节讨论，这里只好从略了。其余剩下的，就只有他的教育哲学。他的教育哲学，实际和他的政治哲学相仿，基本观念也就是化性起伪四个字。他书中专讲教育哲学的，只有《劝学》一篇，前一大段都和《大戴礼》相同，虽然思想与《荀子》没有甚么矛盾，但是篇首一个"君子曰"，在《荀子》书中，便算唯一无二了。现在且取他两个观念来做《荀子》学说帮助的说明。第一个是积字，性恶则非积善不可。所以说：

> 积土成山，风雨兴焉；积水成渊，蛟龙生焉；积善成德，而神明自得，圣心备焉。故不积跬步，无以至千里；不积小流，无以成江海。骐骥一跃，不能十步；驽马十驾，功在不舍。锲而舍之，朽木不折；锲而不舍，金石可镂。（《荀子集解》卷一第三页。）

第二个便是一字，积善要不是专心一志的去积，那么如《孟子》说的"一日暴之，十日寒之"，（《十三经注疏·孟子》卷十一下，第三页。）便没有成功的可能。所以说：

> 行衢道者不至，事两君者不容。目不能两视而明，耳不能两听而聪。螣蛇无足而飞，鼫鼠五技而穷。《诗》曰："尸鸠在桑，其子七兮。淑人君子，其仪一兮。其仪一兮，心如结兮！"故君子结于一也。（《荀子集解》卷一，第三—四页。）

这两个观念便是荀子说的"虑积焉，能习焉"的说明，这也就是化性起伪的工夫。不过这种说法，实际非常普通。移在孟子头上也可以，移在任何儒者的头上也可以。但是后面一段是《大戴礼》所无，却很有荀子哲学的特色。比如他说：

第二章 本 论

> 学恶乎始？恶乎终？曰：其数则始乎诵经，终乎读《礼》；其义则始乎为士，终乎为圣人，真积力久则入，学至乎没而后止也。故学数有终，若其义则不可须臾舍也。（同，第四页。）

礼便是荀子化性起伪唯一的工具，所以他又说"故学至乎礼而止矣"。不过《礼》《乐》《诗》《书》，都是无意志的死物，最好还是能够以闲于礼的圣人君子为师法。所以又说：

> 《礼》《乐》法而不说，《诗》《书》故而不切，《春秋》约而不速。方其人之习君子之说，则尊以遍矣，周于世矣。故曰：学莫便乎近其人。学之经莫速乎好其人，隆礼次之。上不能好其人，下不能隆礼，安特将学杂识志，顺《诗》《书》而已耳。则末世穷年，不免为陋儒而已。（同，第五—六页。）

这倒不是将礼看轻，因为圣人君子便是有意志的礼。他的教育哲学，大旨不过如此。以下都是末节，他和以前儒家不同的，只有特别注重礼的一点。这以上是对于荀子哲学补充的说明。至于荀子哲学的价值，读者自己可以领略。从来的批评，实际都是"见仁见智"，观察点各有不同。不过依我看来，荀子哲学虽然比较孔、孟，近于科学的态度，实际仍然是不澈底。比如他的名学和知识论，都远不及别墨。就是他的心性的分析，也不大健全。耳目的欲极声色之乐，既然承认是性，那么心的能够考虑利害，又岂是人功造出来的吗？看他的《天论》说：

> 耳目口鼻形能，各有接而不相能也，夫是谓之天官。心居中虚，以治五官，夫是谓天君。（同，卷十一，第八页。）

他这里所谓天，都是生来自然如此的意思。仍然要承认心是出于天然，可见得他的心性之分，简直是等于五官与心之分。从五官直接发出来的便是性，由心里考虑过的便是伪。这里固然不能说没有分别，但是他所谓"性者，天之就也"的话，实际是未能自圆其说。

第二节　荀子与古代宗教

一、古代宗教的起源与转变

古代的宗教，最初只是一种广义的宗教，实际是指一种初民社会自然发生的一种迷信。后来经过政治家的利用，后遂渐含有正式宗教的意味。《荀子·天论》一篇，能够打破这种迷信和宗教，不但是在他的哲学上，能够表现一种特别注重人为主义的精神；在古代宗教史上，也很有重大的关系。所以我们要完全了解《天论》的精神，须得对于古代的迷信和宗教，加以比较详细的说明。古代迷信的发生，除了祖先崇拜，有人主张另有"爱情的延长"一种原因而外，（日本穗积陈重著《祭祀及礼与法律》第三八页。）对于自然界的崇拜，就是因为知识能力的缺乏，对于一种偶然或者实际并非偶然的现象，心里不能了解，于是就发生一种惊疑；同时又因为生活能力的薄弱，恐怕这种现象，对于他们的生活，应当发生何种的影响，因此又生出吉凶的疑问。初民社会每每有崇拜善神和恶神的习惯，大致就是这种原因。僖十六年《左传》说：

> 春，陨石于宋五，陨星也。六鹢退飞过宋都，风也。周内史叔兴聘于宋，宋襄公问焉，曰："是何祥也？吉凶焉在？"（《十三经注疏·左传》卷十四，第十五页。）

这虽是后来的事情，对于宗教和迷信起源时的心理，很可以表现一部分的真像。宋襄公因为不懂得陨星和逆风的道理，所以发生"吉凶焉在"的疑问。内史兴的知识，就比他高明，所以他知道"是阴阳之事，非吉凶所生也"。宋襄公是一个很蠢的人，他和楚国正在打仗的时候，却还要讲究"不鼓不成列"一类迂腐的道理。（同，卷十五，第四页。）后来有人说他是仁，其实他就是蠢。看他"用鄫子于次睢之社"，还要杀一个国君来祭"淫昏之鬼"，（同，卷十四，第二十二页。）想以此拉拢东方的夷人，便可知道他是蠢不是仁了。其实不仅宋襄公一个人，大概宋国的人，知识都比较的没有进步，仍然保守商人尚鬼的迷信思想，本来是一个落伍的民族。《史记》说"墨翟，宋之大夫。"（《史记》卷七十四，第三页。）墨子尊天明鬼的思想，大概也是源渊于此。所以当时一般知识稍高的民族，都将宋人看作蠢人。《孟子·公孙丑上》说：

> 宋人有闵其苗之不长而揠之者，茫茫然归，谓其人曰："今日病矣，予助苗长矣。"其子趋而往视

第二章 本　论

之，苗则槁矣。(《十三经注疏·孟子》卷三上，第九页。)

《庄子·逍遥游》也说"宋人资章甫而适诸越，越人断发之身，无所用之。"(《庄子集释》卷一，第十二页。)这形容宋国的农人和商人的蠢，无以复加。所以我说宋襄公这种心理，大概与初民社会的迷信，相去还不很远。据普通一般宗教的现像，大概最初专是一种物质精灵的崇拜，比如日月、龙蛇、植物以及最小的物质，大概什么物件，都有精灵，只是还没有一个统一的观念。这种时代的宗教，有人叫他做多魅主意（polydemonism），(江绍原译《宗教的出身与长成》第三十三页。商务本。)后来因为知识和思想力的逐渐进展，宗教也渐进为绝对精灵的崇拜，由多魅主义进而为多神教（polytheism），由多神教更进而为一神教（monotheiem）。中国没有真真成立过一种教，只有一元的多神。天和上帝，都是多神教中一个元神。就普通来说，天和上帝的崇拜，当然离开原始社会已经很久。不过我们要研究这种崇拜的起源，和天与上帝原来的意义，也就不能这样轻于论断。在古代天和帝两个字的含义，有时完全相同。比如《尚书·大诰》既说"亦惟十人迪知上帝命"，下文又说"尔亦不知天命不易"(《十三经注疏·尚书》卷十三，第二十三页。)这两个字，同时代表一个具有意志的人格神。但如《周易·卦爻辞》说"飞龙在天"（同,《周易》卷一,第五页。）《大雅·下武》说"三后在天",（同,《周易》卷十六之五,第八页。）这种天,仅是一个青天的物质观念,和帝字的意义,完全不同。他们只能说"文王陟降,在帝左右。"（同,卷十六之一,第六页。）绝不能说"文王在帝"。这种分别,固然是人所共知,但是最早就有这种分别,可见两个字原来的含义,是不相同,也就可以明白天和帝的崇拜,其来源并不一致。帝字在殷墟文字中间,形象很多,他的原形,ｿｯ大概就是花蒂的象形字。上面的一画是上字,是后来所加,犹如他的简写为ｿｯ,又从上作ｿｯ。许慎说他从朿声,形和朿很相近。朿字的解释许说是"木芒也,象形。"（《说文解字》段注卷一上,第一页。又卷七上,第九页。通行本。）我以为Ж便是木字,两旁发出来的就是木芒。木芒的意义,实际有两种:一种是坚硬的刺,后来刺、賫（责）、策、棘诸字,都从此得意。一种是嫩的木芽,后来蒂、适、嫡诸字,都由此引申。帝的崇拜,或本含有一种生殖崇拜的原始思想。据日人鸟居博士说:"居在北太平洋沿岸的苟亚克族（Koryak Group）,他们崇拜的海神,有的是蟹的形状,叫着Tokoyato；有的简直就认蟹为海神。"（鸟居龙藏著《极东民族》第五三一页。）可见原始民族的一种特别心理,每以一个极小的物质,代表一个很大的精灵。我国的原始民族,大概也是崇拜花蒂为一种森林的神,后来随着民族

第二章 本　论

势力的扩张，便渐渐成为宇宙自然界的大神了？我国的原始民族，据《孟子·滕文公》篇说：

> 当尧之时，天下犹未平，洪水横流，泛滥于天下。草木畅茂，禽兽繁殖，五谷不登，禽兽逼人。兽蹄鸟迹之交道，交于中国。尧独忧之，举舜而敷治焉。舜使益掌火，益烈山泽而焚之，禽兽逃匿。禹疏九河，……然后中国可得而食也。（《十三经注疏·孟子》卷五下，第三页。）

大概在农业社会以前，都是一种森林中的生活。殷代本来已是由畜牧社会到农业社会的一个时期，但是那时畜牧还是最主要的生产，并且还兼带着一种渔猎生活。看《孟子》说：

> 尧舜既没，圣人之道衰，暴君代作，坏宫室以为污池，民无所安息；弃田以为园囿，使民不得衣食。邪说暴行又作，园囿、污池、沛泽多而禽兽至。及纣之身，天下又大乱。周公相武王诛纣，伐奄三年讨其君，驱飞廉于海隅而戮之，灭国者五十，驱虎豹犀象而远之，天下大悦。（同，卷六下，第三—四页。）

可见那时园囿、污池、禽兽非常之多，那时所谓田，还是一种牧田，中间便是禽兽的巢穴。殷墟文字中间所谓"田于某地"，都是田猎。由《孟子》看来，倒反像弃田以为园囿了。在殷代以前，大概更是一种专营渔猎的原始民族。《孟子》所说"当尧之时，……蛇龙居之，民无所定，下者为巢，上者为营窟。"（同，第三页。）和韩非子说的：

> 上古之世，人民少而禽兽众，人民不胜禽兽虫蛇。有圣人作，构木为巢，以避群害，而民悦之。（《韩非子》卷十九，第一页。）

都有点合于事实。古人互相问讯的时候，都喜欢用无他两个字。无他，就是亡它（蛇），在殷墟文字中亡它，（国立中央研究院历史语言研究所集刊第一本第一分，第三十五页。）已经是亡害亡灾普通一类的意义，也可知道这种民族，还在殷代以前。这种民族，专在森林中或水滨生活。帝的崇拜，大概是起于森林中的游猎民族，后来进而为畜牧为农业，民族势力渐渐扩充，他们所崇拜的帝，也就随着扩张了。总之：帝的崇拜，应当起原很早，远在农业社会以前；他的含义，大概经过几次的转化，已经完全成为一种于绝对于存在。天字，在殷墟文字中，只有

第二章 本 论

🗙🗙三形。大概 🗙 是最初的原形,上面象天,下面是画的一个人形。后来变为从上的会意字,许慎从一、大的话(《说文解字》段注卷一上,第一页。)是附会。天字同头(tu)、顶(teng)、类(ten)都出于一个语源,实际是指人头上面的一大块青天。他的本义,就是从物质观念的观察上发生天的崇拜,到后来都还没去他的本义,大概起原比较的迟,所以没有经过大的转化。但是天的崇拜,是一种统一的观念,非知识思想稍为进步的民族不能发生,至早是起原于初期的农业社会。因为农业在旷野中间,抬头所见就只有一块青天。而他们仰靠天然的风雨,更比以前畜牧一类的民族特别需要。比如《小雅》说的:

> 上天同云。雨雪雰雰,益之以霡霂。既优既渥,既沾既足。生我百谷。(《十三经注疏·诗经》卷十三之二,第十九页。)

便可知道他们对于天的关系,是特别的密切。所以很容易发生这种天的崇拜。依我揣测,天是继帝而起的一种物质的人格神,那时人民的思想,已经渐渐脱离原始民族的心理。再就历史上的实事来考察,殷墟文字中间,天字只见三处,有一处还是借为大戊的大字,(《殷墟书契考释》第六页,商务本。)而帝字却很多,并且看他的意义,都是主持宇宙自然界的大神。比如：

> 贞帝弗若。（《铁云藏龟》第六十一页。）
> 帝不令雨。（同第一百二十三页。）
> 王召于上帝，弗缺（同第一百九十一页。）
> 帝命雨正年。（《殷墟书契前编》，卷一第五十页。）
> 贞帝命雨，弗其正年。（同上。）
> 注㊂贞今三月帝命多雨。（同卷三第十八页。）

都是非常明白的证据，这是一种很可注意的现象。再就书经和诗经中间用天与用帝次数的多寡来统计，则得下面的比例。

《书》经中天、帝比较表

书名 \ 次数	天	帝
《周书》	一二四	三四
《商书》	一八	二
《虞夏书》	一三	二
总数	一五五	三八
比例	80/100	20/100

《诗经》中天、帝比较表

书名	次数	天	帝
《雅》	《大雅》	五八	二六
	《小雅》	三八	一二
《颂》	《商颂》	七	五
	《鲁颂》	二	三
	《周颂》	一三	三
《风》		一七	一
总数		一三五	四一
比例		78/100	22/100

恰好与殷墟文字相反，帝字很少而天字很多。再如《周易·卦爻辞》，天与帝也为七比一。更后到《左传》《国语》，天与帝之比，成为一八〇比八，和一八〇比一二，都已不到十分之一。以这种现象来推论，大概可以假定天子是殷末才有，以后便一步一步的盛起来；帝字则殷末已到盛极将衰之际，以后更一步一步的下落。也可以说是帝的势力是盛行于殷代。以前，天的势力是澎涨在周代。以后和我上面所说帝是原始民族既已发生，天到农业社会才被崇拜，也很可互相说。殷末已入了农业社会，在卜辞里有很多的证据，比如

庚午，卜贞，禾之及雨，三月。(《殷墟书契前编》卷三第二十九页。)

庚申，卜贞，我受黍年，三月。(同卷六第三十页。)

以外讲卜黍年的，还有好几条，这里不能多举。依这样看起来，殷周之际是一种社会变动的时期，而古代宗教的观念，也在这个时候起了一次大的转变。《庄子·大宗师》说"神鬼神帝，生天生地。"(《庄子集释》卷三，第八页。)我觉得他这两句话，很有意思。鬼和帝，都是绝对的存在，都是无形的人格神，天和地都是一种物质，尽管神气，也仅是一种有形的人格神。商人信鬼，特别利害，卜辞里"贞鬼"的文字很不少。所以鬼和帝差不多可以代表殷以前的宗教，天和地也差不多可以代表周以下宗教。但是我这几句话，也只是一个大概的观念，其实历史上的史实，绝没有一刀就可以划断的。周代的初期，比如《周书》《大雅》用帝的时候，也还不少。商人的始祖，固然是托为"帝立子生商"，周人的始祖也仍然是"上帝不宁，……居然生子。"(《十三经注疏·诗经》卷二十之四，第二页。又卷十七之一，第六页。)不过最早大概是"帝子"，"天子"一个名词，是比较后起的了。就我上面的表来看，普通认为较早的《商书》和《周颂》都已成了问题？《周颂》大概是东周时候宗庙的乐歌，西周的乐章恐怕都已沦没于犬戎了？《商书》大概也和《商颂》一样，中间有一部分较早的思想，大概是从前所有，后来加以修饰；其余大部则为宋人自作。这个问题，讲来太多，（比如金文中的毛鼎、盂鼎之类，天字都有好几个，却没有一个帝字。日人新成新藏以天文学的研究，疑惑他们都是《春秋》以后的东西，似乎也未可全非？）(《支那学》第五卷第三号《支那上代金文的研究》第七二—九七页。)暂且只好放着。我们再回头看周代的宗教，从周代以下，帝字渐渐的少用，天字的势力逐次的扩张，这个转变，大概已是不可动摇的事实。不过在早的天字，还没有完全失去人格神的意味，所以天帝还可通用。后来因为人智的进展，于是益发偏于物质的认识，《大雅》中间都已经在说"上天之载，无声无臭。"(《十三经注疏·诗经》卷十六之一，第十四页。)所以到《国风》里便只有些"彼苍者天""悠悠苍天"了。(同，卷四之一，第五页。又卷六之四，第六页。)《周书》里面都已经在说"天难忱""天不可信"。(同，《尚书》卷十六，第十九页。) 宜乎到了西周崩坏的时候，一般人要大骂天的不平。在《小雅》中间，这一种的诗很多，我们仅举两首为例：

一、昊天不佣，降此鞠訩。昊天不惠，降此大戾！
二、瞻卬昊天，则不我惠！孔填不宁，降此大厉！

（同，《诗经》卷十二之一，第六页。又卷十八之五，第七页。）

他们对于天或是呪骂，或是埋怨，却都还没有完全摆脱天的观念。只有《十月之交》说：

> 下民之孽，匪降自天。噂沓背憎，职竞由人。
> （同，卷十二之二，第九页。）

他便老老实实不承认天有什么权力了。我们在前面讲哲学的一节，已经说过，这一个时期是宗教思想根本摇动的时候。他动摇的来原，虽在周初，就已萌芽；他的成功，却在西周崩坏以后。这是历史上很明了的事实。从此以后，天和帝完全分家，帝已经仅仅保存了一个祭典上的僵石，在一般人民的意志上，已完全失去了地位。就是想维持宗教观念的儒家，比如孔子，也止能说：

> 天何言哉？四时行焉，百物生焉，天何言哉？
> （同，《论语》卷十七，第八页。）

进而到孟子，也还是仅能说一句"天不言，以行与事示之而已矣。"（同，《孟子》卷九下，第一页。）决不能一时就恢复《皇矣》所说：

第二章 本 论

　　帝谓文王：詢尔仇方，同尔兄弟，以尔钩援，与尔临冲，以伐崇墉。（同，《诗经》卷十六之四，第十三页。）

　　那样有口可以说话的上帝只有墨子的天志主义，比较的含有神秘性。大概是受了宋人的影响，可说是一种特别的现像。但是经遇墨子一大提倡以后，又重新得了五行说和天文学的生力军，于是天道观念又生了一个大的转变，这放在以后再讲。我上面曾说过，天和地可以代表周以下的宗教，其实天地并称，是很后的事。古代只有土神，没有地神。日人田崎仁义说："土神的崇拜，是因为农业关系发生的一种产业的祭仪。"（田崎仁义著《支那古代经济思想及制度》第八三页。）这个话大致不错。《尚书·洪范》说"土爰稼麦。"（《十三经注疏·尚书》卷十二，第六页。）土神与谷神，本是相伴而生的。所以后来的社神，和周民族的农神后稷，连合成为社稷一个熟语，常常用作国家的代名词。《白虎通》说："土地广博，不可偏敬也，……故封土立社，示有土尊。"（《白虎通》卷一，第六页。通行本。）可知社只是一块地方的土神，决不是天地对称的地神。我们看《礼记·祭法》说：

　　王为群姓立社，曰大社；王自为立社，曰王社；诸侯为百姓立社，曰国社；诸侯自为立社，曰侯社；

大夫以下成群立社,曰置社。(《十三经注疏·礼记》卷四十六,第二页。)

有这许多大小不同的社神,社神只是一个土地分划以后的守土之神。现在乡下的土地祠,便是从前的社神。社神大概在殷代就有,卜辞里已有:

贞㷍于土,三小牢,卯一牛,沈十牛。(《殷墟书契前编》卷一第二十四页)

贞㷍于土,三小牢,卯二牛,沈十牛。(同卷七第二十五页)

的话,《周书·召诰》也有"社于新邑"的记载。(同,《尚书》卷十五,第三页。)这都是土神,不是地神。天地的并称所谓天神地祇,这是很后的事情。一方是对于天的观念,随着人类知识的进展,逐渐的物质化。一方是对于地的观念,随着人类势力的扩充,逐渐的放大。于是变成了一个"天无不覆,地无不载"的宇宙观。所以我们也可以由天地对称的多少,看出天的物质性渐渐的加多。天地对称,在《书》经和《周易》的《卦爻》辞里都似乎还未发现?《小雅·小明》的"明明上天,照临下土"(同,《诗经》卷十三之一,第二十二页。)大概已是天地对称的先驱。《正月》的"谓天盖高，不敢不局；谓地盖厚，不敢不蹐。"（同，卷十二之一，第十三页。）恐怕是最初拿天和地并列。《小雅》中间帝和天的比例已经不及十分之一，这是天的观念已经变转之后的情形。但是天地并用的地方，还止有一两处。僖十五年《左传》晋大夫对秦穆公说：

> 君履后土而载皇天，皇天后土，实闻君之言。（同，《左传》卷十四，第六—七页。）

穆公自己又说："天地以要我，……我食吾言，背天地也。"这才渐渐的通用。但是明称天地的，也不过三四处。《国语》里比较的稍多。诸子书除《论语》以外，大概都已天地并称。比较最多，是《老子》和《庄子》。这因为道家的天，根本是一个物质的天了，这一点也似乎可以作天的观念转变的一个证明。

二、荀子《天论》与道家的天道观念

荀子《天论》的来源，看了我上段所说的天的观念转变的历史，已经可以得一个概括的了解。但是他这篇东西，与道家所讲的天道观念，有直接关系的地方很多，所以我想再来专就道家与荀子的关系，略为申叙。《天论》中间对于天的根本观念，约可分为下列两种：

一、天是一种永久不变的物质。荀子承认天的本体，是一种永久不变的物质；他的运行，也是永久照常进行。所以他说：

> 天行有常，不为尧存，不为桀亡。（《荀子集解》卷十一，第七页。）

这里特别提出一个"常"字，就知道他对于天的观念，是一种物质的认识。看他又说：

> 天不为人之恶寒也辍冬，地不为人之恶辽远也辍广，君子不为小人之匈匈也辍行。天有常道矣，地有常数矣，君子有常体矣。君子道其常，而小人计其功。（同，第九页。）

他这里以天地对称，就是把天看作一种自然的现象。他承认天地都是一种永久不变的物质。他这一个观念，差不多和道家完全一致。《老子》说：

> 天长地久，天地所以能长且久者，以其不自生，故能长生。（老子《道德经》上第三页。）

便承认天地同是一个永久不变的物质。《庄子·天道》篇更明白的说:"天地固有常矣。"(《庄子集释》卷五,第二十一页。)荀子这种天道观念,可说是直接受道家的影响。

天是一种没有意志的东西。荀子既承认天为一种永久不变的物质,那么天当然是没有意志,也不能降祸福了。所以他说:

> 强本而节用,则天不能贫;养备而动时,则天不能病;修道而不贰,则天不能祸。故水旱不能使之饥,寒暑不能使之疾,妖怪不能使之凶。(《荀子集解》卷十一,第七页。)

一切都在人为,与天毫无关系。国家的治乱,更与天不相干了。

治乱,天邪?曰:日月星辰瑞历,是禹、桀之所同也。禹以治,桀以乱,治乱非天也。(同,第八页。)他这种见解,也很和道家接近。《老子》说"天地不仁,以万物为刍狗。"(老子《道德经》上第三页。)便承认天地是一种麻木不仁的东西。《庄子·大宗师》说:

> 天无私覆,地无私载,天地岂私贫我哉?(《庄子集释》卷三,第十九页。)

也不承认天能私作祸福。再如《天运》篇说:

> 天其运乎?地其处乎?日月其争于所乎?孰主张是?孰维纲是?孰居无事推而行是?意者其有机缄而不得已邪?意者其运转而不能自止邪?(同,卷五,第二十四页。)

更将天地看作一件机器,还有甚么意志。荀子这种观念,大致也是受道家的影响。就以上两点来看,荀子《天论》的基础,完全是受道家的影响。但是他和道家的精神,却又大不相同。其不同的地方,也大致可有两点:

一、反对道家冥想自然界的原理。道家虽然知道天不过是一种自然界的现象,他却觉得自然界有一种绝大的神秘,比如老子说"道法自然"。他所玄想出来的道,就是一种自然的原则。而所谓"柔弱胜刚强"一切的原理,(老子《道德经》上第十二页,又卷下第十九页。)也都是从自然现象体念而来。庄子也很有这种态度,前面所举的《天运》,便在那里玄想天地运行的原理。又如《齐物论》说:

> 夫吹万不同,而使其自己也。咸其自取,怒者其谁耶?(《庄子集释》卷一,第十六页。)

又在冥想风声怒号的道理。又如《大宗师》说：

> 吾思夫使我至此极者，而弗得也。父母岂欲吾贫哉？天无私覆，地无私载，天地岂私贫我哉？求其为之者而不得也，然而至此极者，命也夫！（同，卷三，第十九页。）

这一段很可说明道家的态度，他们的结果虽然是一个道，或者就是一个乐天安命的主义，要叫人无知无欲，一任自然。但这是他们"求其为之者而不得也"的结果，他们实际是终身在那里冥想宇宙的原理。荀子最反对他们，所以他说：

> 不为而成，不求而得，夫是之谓天职。如是者，虽深，其人不加虑焉；虽大，不加能焉；虽精，不加察焉；夫是之谓不与天争职。（《荀子集解》卷十一，第七页。）

他在后面更明白教训他们说："大天而思之，孰与物畜而制之？"这一点是他们态度不同的地方。

二、反对道家崇拜自然的主张。道家觉得自然力的伟大，非人的知识所能了解，更非人的力量所能比拟。

所以他们极端崇拜自然的伟大，主张一切都随着自然去，不要枉费心力，反来扰乱自然的秩序。所以《老子》说"以辅万物之自然，而不敢为。"（老子《道德经》下第十四页。）《庄子·大宗师》也说"不以人助天"，《在宥》篇更明白的说"故圣人观于天而不助"，《天地》篇又说"无为为之之谓天。"（《庄子集释》卷三，第三页。又卷四，第二十七页。又卷五，第二页。）他们这种主张也不能说全无道理，但是要完全依着自然，则成了一种苟且偷生的废物了。所以荀子大骂他们说："《庄子》蔽于天而不知人"《天论》也说：

> 大天而思之，孰与物畜而制之？从天而颂之，孰与制天命而用之？望时而待之，孰与应时而使之？因物而多之，孰与骋能而化之？思物而物之，孰与理物而勿失之也？故错人而思天，则失万物之情。（《荀子集解》卷十五，第三页。又卷十一，第十一页。）

荀子是明白主张以人助天的，所以他又说：

> 天有其时，地有其财，人有其治，夫是之谓能参。舍其所以参，而愿其所参，则惑矣。（同，第七页。）

这是荀子人为主义的精神。他主张利用自然界，却不要去崇拜他们，这一点是《天论》最主要的精神，也是他与道家最相反的地方。

就以上两点来看，他的精神，和道家确是立于反对的地位。胡适说"荀子的《天论》，是为庄子发的"（《中国哲学史大纲》卷上第三百十四页。）自然有一部分理由，但是道家的天，本已完全物质化，荀子的《天论》也不过百尺竿头，再进一步，并且《天论》里面，比如"治乱天邪？"一类，也决不是为庄子而发，另外还有其他的背影。

三、荀子《天论》与墨家的天志主义

自从天的观念改变以后，社会上的迷信和宗教，似乎很有完全消灭的可能。但是由春秋到战国的末年，不仅是没有消灭，却反有复兴的趋势。荀子作《天论》的背影，据太史公说，是恨当时的人，"不遂大道而营于巫祝，信機祥。"太史公这句话，我们认为很可注意。因为战国时代，确有这种情形。这种复兴的原因当然也是多方面的，我以为比较最重要的原因，还是一般贤士大夫的心理，不想打破这种观念；并且还想利用这种观念，来维持社会的人。儒、墨两家，都是这种用意。我们可以叫着宗教观念的复辟运动。这中间自然是以墨家为主体，儒家的孔、孟，宗教色采，都很淡薄。孔子对樊迟说："敬鬼神而远之，知矣。"他生了病，子路要替他"祷于上下神祇"，他却对子路说："丘之祷久矣。"可见他本来是不相信有鬼神之说。所以子路问事鬼神，他便教斥他道："未能事人，焉能事鬼？"子贡也说："夫子之言性与天道，不可得而闻也。"（《十三经注疏·论语》卷六，第八页。又卷七，第十二页。又卷十一，第四页。又卷五，第六页。）大概孔子本身是不信有什么天道，但是不肯直接的否认。犹如《左传》里的子产也明明是一个不信天道的，他却只肯说一句"天道远，人道迩，非所及也。"（同，《左传》卷四十八，第十五页。）这都是不要打破这样观念的苦心。孔子并且进而教人："祭如在，祭神如神在。"（同，《论语》卷三，第七页。）硬要将无作有。所以他自己到了穷极的时候，也仍然拿天意来安慰自己。比如《论语》上：

> 子畏于匡，曰："文王既没，文不在兹乎？天之将丧斯文也？匡人其如予何时？"（同，卷九，第二页。）

这都仅是一种宗教的意味，并不能十分认为迷信了。孟子的所谓无，实际也仅是一个"莫之为而为者天也"。但是他却硬要说什么"尧荐舜于天"一类的话，很想维持天是有意志的观念。（同，《孟子》卷九下，第一——四页。）墨

家的天志主义则更进一步,直接主张天有意志,承认天能赏罚。看他说:

> 天子为善,天能赏之;天子为暴,天能罚之;天子有疾病祸祟,必斋戒沐浴,洁为酒醴粢盛,以祭祀天鬼,则天能除去之。(《墨子间诂》卷七,第六页。)

他的天,并且可以治病驱邪,这与原民思想,相差无几。墨子真算是一个极端的复辟派。他并且举了很多赏善罚恶的证据:

> 故昔也三代之圣王,尧、舜、禹、汤、文、武之兼爱之天下也。从而利之,移其百姓之意焉,率以敬上帝、山川、鬼神。天以为从其所爱而爱之,从其所利而利之,于是加其赏焉,使之处上位,立为天子以法也,名之曰圣人。以此知其赏善之证。是故昔也三代之暴王,桀、纣、幽、厉之兼恶天下也,从而贼之,移其百姓之意焉,率以诟侮上帝、山川、鬼神。天以为不从其所爱而恶之,不从其所利而贼之,于是加其罚焉。使之父子离散,国家灭亡……名之曰失王。以此知其罚暴之证。(同,第十五—十六页。)

他的本义，是想利用这种宗教观念，宣传他的兼爱主义。实际上恐怕兼爱主义倒不见得在社会上生了什么效果，一般人民的迷信，反倒因以复深了。他所说的：

> 故当若天降寒热不节，雪霜雨露不时，五谷不熟，六畜不遂，疾灾戾疫，飘风苦雨，存臻而至者，此天之降罚也。（同，卷三，第七页。）

这便是后来五行灾异说的种子。墨家这种天志主义，与荀子《天论》的思想，完全立于反对的地位，这是用不着说明的。据《孟子》说"杨朱、墨翟之言盈天下"（《十三经注疏·孟子》卷六下，第四页。）可见墨家在当时的势力，颇为不小。墨子的学生到三传弟子，都还是显荣于当时。

> 《吕氏春秋·当染》篇：禽滑厘学于墨子，许犯学于禽滑厘，田系学于许犯。孔、墨之后学显荣于天下众矣。（《吕氏春秋》卷二，第三页。通行本。）

荀子的名学与别墨就很有关系，那么荀子《天论》或者也含有反对墨家天志主义的意味。不过荀子所反对不专在墨家，这是很明了的。比较关系重要的，大概还是下段所叙的战国时代的五行学说。

四、荀子《天论》与阴阳家的五行说

五行说的由来,据《史记·历书》说:

> 盖黄帝考定星历,建立五行,起消息,正闰余……(《史记》卷二十六,第一页。)

似乎起来很早?实际全是战国时人的伪托。伪托的人,大概就是一个阴阳五行的专家。再看《史记·三代世表》的序说:

> 余读谍记,黄帝以来,皆有年数,稽其历谱谍,终始五德之传,古文咸不同乖异。夫子之不论次其年月,岂虚语哉?(同,卷十三,第一页。)

可见与提倡阴阳消息和五德终始之说的人都很有关系。最够这种资格,是战国中世谈天家的邹衍。《史记·孟子荀卿列传》说:

> 邹衍睹有国者益淫侈,不能尚德……乃深观阴阳消息而作怪迂之变,终始、大圣之篇十余万言。其语闳大不经,必先验小物,推而大之,至于无垠。先序今以上至黄帝,学者所共术,大并世盛衰,因

载其禨祥度制，推而远之，至天地未生，窈冥不可考而原也。先列中国名山大川，通谷禽兽，水土所殖，物类所珍，因而推之，及海外人之所不能睹。称引天地剖判以来，五德转移，治各有宜，而符应若兹。以为儒者所谓中国者，于天下乃八十一分居其一分耳。中国名曰赤县神州。赤县神州内自有九州，禹之序九州是也，不得为州数。中国外如赤县神州者九，乃所谓九州也。……其术皆此类也。然要其归，必止乎仁义节俭，君臣上下六亲之施，始也滥耳。（同，卷七十四，第一页。）

这是邹氏利用阴阳五行说来整理当时传说的明证。黄帝这个名辞，本与五行有关，所谓黄帝土德，太皞木德，炎帝火德，少昊金德，颛顼水德，这一类五德终始中的人物，虽不全是他们凭知所造；黄帝这个人，恐怕就是出于他们的理想？邹衍的态度，很和墨家相近，他想利用五行说的历史学和九州说的地理学，来推行他的仁义节俭的主张，这就是取墨子宣传天志主义的用意。他那种以小推大的诡辩，又是受墨辩的影响。至于他的基本观念，是直接与天文学有关，五行便是天文学的产物。现在略叙日人饭岛忠夫的说法如下：

《史记·天官书》对于五行说由来的研究，最可注意。太史公说"仰则观象于天，俯则法类于地，天则有日月，地则有阴阳，天有五星，地有五行。"又《淮南子·精神训》说"天有五行"，董仲舒《春秋繁露》也说"天有五行"。那么五行的行，含有步行、流行、运行的意义。看他传来的字音，为户庚切（hsing，下平声）便可明了。所以五行与五运五步同意，《汉书·律历志》明呼五星为五步。日月五星，毕竟就是凝积在天上的阴阳五行之精，而《淮南子》和《春秋繁露》的"天有五行"与《史记》的"地有五行"也并不矛盾，结果是五行遍满在天地之间。……五星配合的方法，大概是因为他们的颜色的关系。木星的色近青，火星的色近赤，土星的色近黄，金星的色近白，水星近于灰黑色，便是明证。……所以五行说的成立，是本于五个惑星的知识。但是五星运行知识的成立，是战国以后的事情。因此五行说成立的时代，也当在战国的中世，西纪前三百年附近。接着就是邹衍大谈其天，把五行说宣布于天下的时代。（《支那历法起原考》第二六六，又三三六页。）

饭岛和新城新藏，是现在日本两个著名的天文学专家，他两个人的意见，每每互相冲突，不过关于这一点，到大致意见相同。新城也说："五行说一般普遍的成立，是在战国中年，知道天的五个游星以后。……邵康节《皇极经世书》说："五星之说，自甘公、石公始。刘向《七录》说'甘公，楚人，战国时作《天文星占》八卷'，又'石申，魏国人，战国时作《天文》八卷'。五星观测的元祖，大概就是甘公、石公两人"（《支那天文学史研究》第六四二页。）由他们这种天文学者的考证，五行说的起原，就是以天文为根据。经过"谈天衍"的利用以后，在社会上便发生三种学说：

一、是五行天文学。
二、是五行灾异学。
三、是五德终始说。

这三种都是宗教复辟运动最好的利器。这三种东西，实际是互相混合起来，我们只能略叙一个大调。

一、五行天文学：五星的发见，既然是在战国时代，而从木星（岁星）知识出发的十二次，自然也是战国的情形。据新城博士的研究，《左传》《国语》里面的天文知识，都是西纪前三百年左右人的观测，并非当时的实事。（同，第三二八—三九七页。）不过我以为这种天文学的知识，固然是作者自己据当时的天文学加以修饰，而《左传》《国语》所讲到谈论天象的地方，却不见得全是作者的向壁虚造？大概春秋以来，天文学已经在萌芽时代，观测天象的事情，也不能承认完全没有。《周语》宋襄公对鲁侯说："吾非瞽史，焉知天道？"（《国语》卷三，第一页。）那时候或者已经有专言天道的瞽史？襄十六年《左传》说：

> 晋人闻有楚师。师旷曰："不害。吾骤歌北风，又歌南风。南风不竞，多死声，楚必无功。"董叔曰："天道多在西北，楚师不时，必无功。"叔向曰："在其君之德也。"（《十三经注疏·左传》卷三十三，第十五页。）

师旷便是瞽，董叔大概便是昭十五年《左传》所说"晋于是乎有董史"的董史之后。（同，卷四十七，第十二页。）这种瞽史所讲的天道，大概都是不科学的。杜预以岁在豕韦，月又在亥，解释"天道多在西北"一句，这只后来天文学的知识，董叔的意思，恐怕不一定是如此？或者仅据冬天的时令为说，也未可知？以我的推测，大概春秋以来，必有一种不科学的星占，到战国才会有正式天文学的成立。现在《左传》《国语》所讲的天道，比如：

A.《晋语》：文公在翟十二年，……过五鹿，乞食于野人，野人举块以之。公子怒，将鞭之。子犯曰："天赐也。民以土服，又何求焉？天事必象，十有二年，必获此土。二三子志之。岁在寿星及鹑尾，其有此土乎？天以命矣，复于寿星，必获诸侯，天之道也，由是始之。有此，其以戊申乎？所以申也。"（《国语》卷十，第一页。）

B.《左传》：昭公九年夏四月：郑裨灶曰："五年，陈将复封。封五十二年而遂亡。"子产问其故，对曰："陈，水属也；火，水妃也，而楚所相也。今火出而火陈，逐楚而建陈也。妃以五成，故曰五年。岁五及鹑火，而后陈卒亡，楚克有之，天之道也。"（《十三经注疏·左传》卷四十五，第六—七页。）

C.又昭公十一年：景王问于苌弘曰："今兹诸侯，何实吉？何实凶？"对曰："蔡凶。此蔡侯般弑其君之岁也，岁在豕韦，弗过此矣。楚将有之，然壅也。岁及大梁，蔡复，楚凶，天之道也。"（同，第十七页。）

D.又昭公十七年冬，有星孛于大辰，西及汉。申须曰："慧，所谓除旧布新也。天事恒象，今除于火。火出必布焉。诸侯其有火灾乎？"梓慎曰："往年吾见之，是其征也。……若火作，其四国当之。在宋、卫、陈、郑乎？宋，大辰之虚也。……"

……十八年夏五月，火始昏见。丙子，风。梓慎曰："是谓融风，火之始也。七日，其火作乎！"戊寅，风甚。壬午，大甚。宋、卫、陈、郑皆火。……裨灶曰："不用吾言，郑又将火。"郑人请用之，……子产曰："天道远，人道迩，非所及也，何以知之？灶焉知天道？是亦多言矣。"（同，卷四十八，第十一—十一页。）

这中间已经有了五行和十二次一类的知识，当然是经过作者的修饰。但如 A 条"天事必象"以上，或者本是实事？D 条讲彗星和融风的地方，也似乎还保存一部分的真象？这种时代的问题，我们暂且不说。我们在这几条中间，看《左传》《国语》里所讲的天道，已经不是有意志的天，固不须说；也并不仅是一个道家的自然现象，或是物质性的天；另外成为星占家的天，已经是天文学和迷信结合的一种新式的天道观念。这是天道观念的第二次的转变。从前还未除干净的迷信，经过儒、墨的宗教运动，还不要紧。自从与天文学结合，得了新式科学的根据，就不容易打破了。五行天文学的详细组织，我们不能多说，且引《淮南子·天文训》一段如下：

> 东方，木也。其帝太皞，其佐句芒，执规而治春。其神为岁星，其兽苍龙，其音角，其日甲乙。南方，火也。其帝炎帝，其佐朱明，执衡而治夏。其神为荧惑，其兽朱鸟，其音徵，其日丙丁。中央，土也。其帝黄帝，其佐后土，执绳而制四方。其神为镇星，其兽黄龙，其音宫，其日戊己。西方，金也。其帝少昊，其佐蓐收，执矩而治秋。其神为太白，其兽白虎，其音商，其日庚辛。北方，水也。其帝颛顼，其佐玄冥，执权而治冬。其神为辰星，其兽玄武，其音羽，其日壬癸。（《淮南子》郑，第一百通行本。）

从前要死了的上帝，到此时居然复活，但是上帝却分了家，成为五帝了。

二、五行灾异学：这种学说的大本营，就是《尚书》中的《洪范》。《洪范》是战国的作品，看了上文，自能明白。不过后来讲灾异的人，《洪范》九畴之中，实际只用了三畴，就是（一）五行，（二）五事，（三）庶征。这当然是因为其他的各畴与灾异没有大的关系。《洪范》的作者，是以一种天人相应的观念为基础，所以他说：

第二章 本　论

　　五事：一曰貌，二曰言，三曰视，四曰听，五曰思。貌曰恭，言曰从，视曰明，听曰聪，思曰睿。恭作肃，从作乂，明作哲，听作谋，睿作圣。

　　八庶征：……曰休征：曰肃，时雨若；曰乂，时旸若；曰晰，时燠若；曰谋，时寒若；曰圣，时风若。曰咎征：曰狂，恒雨若；曰僭，恒旸若；曰豫，恒燠若；曰急，恒寒若；曰蒙，恒风若。（《十三经注疏·尚书》卷十二，第七页。又二十一—二十二页。）

他的意思，是说人事，假若做得不好，那么风雨寒热，一切都会不调。实际就从墨子天志主义出来，再加以五行说的色采。不过还与五行没有深的关系，大概所谓阴阳消息之说，怪迁之变，当更与此不同。五行灾异之说，虽是到了汉儒，才完全独立，但如董仲舒的《五行五事》篇说：

　　王者与臣无礼，貌不肃敬，则木不曲直，而夏多暴风。风者，木之气也，其音角也，故应之以暴风。王者言不从，则金不从革，而秋多霹雳。霹雳者，金气也，其音商也，故应之以霹雳。王者视不明，则火不炎上，而秋多电。电者，火气也，其阴徵也，故应之以电。王者听不聪，则水不润下，而

> 春夏多暴雨。雨者，水气也，其音羽也，故应之以暴雨。王者心不能容，则稼穑不成，而秋多雷。雷者，土气也，其音宫也，故应之以雷。(《春秋繁露》卷十四，第二页。古经解彙函本。)

就已将五行五事混合起来，自成一个系统。大概就是本诸邹衍？在战国时代自少已有一部分的基础。(参看《管子·五行》幼官篇》)

三、五德终始说：五德终始的说法，大概便为邹衍所创。今引崔东壁说如下：

> 五德终始之说，起于邹衍，而其施诸朝廷政令，则在秦并天下之初。《史记·封禅书》及《始皇本纪》《孟子荀卿列传》，言之详矣。其说以为黄帝得土德，黄龙蛇蟺见；夏得木德，青龙止于郊；殷得金德，银自山溢；周得火德，有赤乌之符；皆以所不胜者递推之。是以秦之代周，自谓水德；而汉贾谊、公孙臣皆谓汉当土德，太初改制服，色尚黄，用衍说也。(《崔东壁遗书》续《上古考信录》卷下，第二十二页。)

这都是用的五行相胜说。后来又有五行相生说，董仲舒已说"比相生而间相胜也。"(《春秋繁露》卷十三，第五页。)到了刘向父子，才正式成立一个伏羲、神农、黄帝、少皞、颛顼，木火土金水相生的古代帝王系统。这种详细的历史，我们现在不能多说。总之，依这种学说，帝王的兴起一定有一种天命的符瑞。大致董仲舒说的：

> 帝王之兴也，其美祥亦先见；其将亡，妖孽亦先见。物故以类相召也。(同，第三页。)

很可代表他们的精神。

有了这三种学说出来，社会上的一切行动，无不受天的管束。战国时代迷信色采的浓厚，就此可以推见。荀子要说明人事与天无关系，要说明治乱不关天的事，便明明是这种环境的反响。可惜荀子终是孤掌难鸣，而这种迷信，遂直接弥漫于秦汉以后了。

五、结论

由上面的研究，我们可以看出古代宗教观念，经过两次大的转变。这两种转变的趋势，不是绝对的可以用时代去分割。他们是互相衔接，前一种观念，正在极端发展的时期，同时第二种观念也在开始萌芽，所以历史不是一个完全机械式的东西。前一种观念的转变，可以说从西周就在萌芽，到了西周崩坏的时候，更有长足的进步；一直发展到道家的天道观念，差不多可以说是到了极端发展的时期。他的内容，就是天的神秘性，渐渐的失去，物质性渐渐的增加，社会上普通都不大信仰含有神秘性的帝，而都偏于物质认识的天，道家的天，已经成了机械，他们把天已经认为与人没有关系的物质。所以庄子说：

> 虽天地覆坠，亦将不与之遗；审乎无假，而不与物迁。（《庄子集释》卷二，第二十一页。）

但是从春秋末年到战国的初年，第二种观念，已经在那儿开始发动，重想将一切自然现象的变动，代表天的意志，这中间以墨家为一个主角。到了战国中世以后，又得了五行说和天文学的生力军加入，他们这种运动，在当时社会上，可说是已经立定了基础。于是天的意志复活。到了秦汉以后，势力益加扩张。董仲舒说：

> 天亦有喜怒之气，哀乐之心，与人相副，以类合之，天人一也。（《春秋繁露》卷十二，第二页。）

天已经重新做了一种人格神。荀子生在第一种观念已经发展到极端正在了结的时候,又正是第二种观念新盛的时期,所以他能够了解第一种观念,而又能够反对第二种观念。这便是《天论》所表现的时代性,也就是《天论》在古代宗教史上所占有的地位和价值。

第三节　荀子与古代政治

一、古代政治的基础与阶段

我国古代政治的起源，古来的学者也曾经有种种的说明。比如墨子《尚同》说：

> 古者民始生，未有刑政之时，盖其语，人异义，……是以人是其义，以非人之义，故交相非也。是以内者父子兄弟作怨恶，离散不能相和合；天下之百姓，皆以水火毒药相亏害；……天下之乱，若禽兽然。夫明乎天下之所以乱者，生于无政长，是故选天下之贤可者，立以为天子。……（《墨子间诂》卷三，第一页。）

他以为政治的起原，是完全由于社会的需要，因为没有正长来统治，那么天下的乱，就不得了。政治的起源，便为救这种剧乱的原故。荀子的政治起原说，和墨子很相接近。《性恶》篇说：

第二章 本 论

> 故古者圣人以人之性恶，以为偏险而不正，悖乱而不治，故为之立君上之势以临之，明礼义以化之，起法正以治之，重刑罚以禁之，使天下皆出于治，合于善也。（《荀子集解》卷十七，第三页。）

也认为政治的起原，是由于社会的纷乱。这种说法，自然也有一部分的真理。但是他们的弊病就在偏重人为主义。其实政治的起原，是一种自然的活动。我以为要说明古代政治起原的真象，还是要假借神权说，才能明白。威尔士的《世界史纲》说：

> 人类当未有言语之时，先有数要事之发生。其中最要者，则对于族中长老畏之惧之是也。长老所用器，皆系禁物。其所用之矛，则不敢触之；其所坐之位，则勿许践之；……长老虽死，尚受敬惧；……长老死后多年，至除坟墓而外，一无所遗之时，妇人尚时告其子女以长老之威灵。除为本族之威灵外，尚望其为他族或敌族之祟。（《世界史纲》第七十七页，商务译本。）

大概人类最初知识缺乏、能力薄弱的时候，看见一个才力比较特别的人，便以为是一种神灵，或者有一种神灵凭附。大家都很怕他。而他也就自以为然的，驱使他群中的一般人，这就是所谓酋长制度，完全是一种自然的趋势。古代神话中的人物，每每人神不分，也便是这种原故。而我国政治的基础，也根本建筑在这种神权思想上面。这种政治的残影，在《诗经》《书经》里，都还很浓厚。比如殷人的始祖，他定要说是上帝生的；周人的始祖，也要说是踏了上帝的大脚指才怀孕的。这固然已是一种伪托之辞，但是他们明明是在利用一般人的心理。又如周人已经将殷民族征服为奴隶了，他却要说：

予惟时其迁居西尔，非我一人奉德不康宁，时惟天命。无违，朕不敢有后，无我怨。（《十三经注疏·尚书》卷十六，第六页。）

硬要借一种神权思想，来制服他们的心理。这种办法，在古书里随处可以看见：古代社会的阶级制度，也都是利用这种心理自然制造成功的。固然"强暴弱，大役小"本是一种生存竞争自然的公例；但是他们能使这种制度坚固的维持下去，与此也不能说无关系。殷墟文字已经有奴仆臣妾一类的字，臣妾也是古代奴隶的称呼，所以《周易爻辞》说"畜臣妾吉"（同，《周易》卷四，第八页。）《尚书·费誓》也说："穷牛马，诱臣妾。"（同，《尚书》卷二十，

第九页。)金文中称"锡臣几家"的很不少,比如《不嬰敦》说:

> 锡女弓一,矢束,臣五家,田十田。(《清华研究院讲义》王国维先生《不嬰敦释文》。)

就同后来《左传》说"晋侯赏桓子（荀林父）狄臣千室"一样,(《十三经注疏·左传》卷三十四,第十二页。)大致多为被征服的异族。古代的阶级制度,在这种利用神权时代,早已成立,这是无可疑的。这一个时代,我们可以叫他做神治政治的时期。后来因为宗教观念的转变,神治政治的势力,也随着减小；而同时社会上的阶级制度,经过长期的凝结,可以说是已经成了一种固定的模型。于是统治阶级,便利用这种已成了的习惯和风俗,来维持和支配社会上的一般民众,这就是所谓礼治政治。礼的起原,本来很早,我们放在下段再说。但是拿礼为政治上一切原则,这是较后继起的事情。十八年《左传》所谓"周公制周礼"（同,卷二十,第十三页）虽不一定可信；礼治的逐渐成立,确是周代以来的事实。礼治政治的基础,仍然是建筑在神治主义上面,所以文十五年《左传》季文子说:"礼以顺天,天之道也。"（同,卷十九下,第二十五页。)《礼记·礼运》篇也说:

> 夫礼，先王以承天之道，以治人之情，故失之者死，得之者生。（同，《礼记》卷，二十一，第六页。）

所以礼的内容便是维持从前已成立的阶级制度。隐三年《左传》石碏说：

> 且夫贱妨贵，少陵长，远间亲，新间旧，小加大，淫破义，所谓六逆也。（同，《左传》卷三，第十一页。）

这六种大概都是逆于礼的事情。中间的贱妨贵、远间亲、新间旧三条，都是表见贵族政治的特色。宣十二年随武子批评楚国的政治说：

> 其君之举也，内姓选于亲，外姓选于旧，举不失德，赏不失劳，老有加惠，旅有旅舍，君子小人，物有服章，贵有常尊，贱有等威，礼不逆矣。（同，卷二十三，第六页。）

礼治的精神，大概就在"贵有常尊，贱有等威。"两句话，桓二年师服说：

> 故天子建国，诸侯立家，卿置侧室，大夫有贰

第二章 本 论

宗，士有隶子弟，庶人工商，各有分亲，皆有等衰，是以民服事其上，而下无觊觎。（同，卷五，第二十页。）

就是利用这种多层式阶级制度，以维持政治的地位。他们都是认为应该的道理，所以楚国的芈尹无宇对着楚子索他的逃臣说：

天有十日，人有十等，下所以事上，上所以共神也。故王臣公，公臣大夫，大夫臣士，士臣皂，皂臣舆，舆臣隶，隶臣僚，僚臣仆，仆臣台。马有圉，牛有牧，以待百事。……逃而舍之，是无陪台也，王事无乃阙乎？（同，卷四十四，第三—四页。）

"下所以事上，上所以共神"，便是他的大道理。这种阶级制度，早已由权力而移为权利了，这便是礼治主义的精神。后来因为政治上竞争的关系，下层阶级中间的知识份子，逐渐增加。又因为商业的逐渐发达，商人以财力的关系，也渐渐的抬起头来。（参看本书第二章第一节）于是社会组织，不免起了动摇；贵族阶级也逐渐有崩坏的趋势。这种"礼不下庶人，刑不上大夫"（同，《礼记》卷三，第六页。）的礼治政治，已觉得渐渐不能维持。于是又有所谓法治政治代之而起。昭三十年《左传》说：

>冬，晋赵鞅、荀寅帅师城汝滨，遂赋晋国一鼓铁，以铸刑鼎，著范宣子所谓刑书焉。仲尼曰："晋其亡乎，失其度矣。夫晋国将守唐叔之所受法度，以经纬其民，卿大夫以序守之。民是以能尊其贵，贵是以能守其业。贵贱不愆，所谓度也。文公是以作执秩之官，为被庐之法，以为盟主。今弃是度也，而为刑鼎，民在鼎矣，何以尊贵？贵何业之守？贵贱无序，何以为国？"（同，《左传》卷五十三，第十一—十二页。）

这里"卿大夫以序守之"，便是维持多层式阶级制度的唯一法宝。可见礼治政治下的刑罚，专是贵族所掌，用来制服他下一层的阶级，是一种完全不公开的刑罚。春秋末年，在实事上，已经不能维持了，所以才有改为公布成文法的举动。孔子是一个保守主义的人，所以他不明了时代的需要。慎子说得好：

>君人者，舍法而以身治，则诛赏予夺，从君心出。然则受赏者虽当，望多无穷；受罚者虽当，望轻无已。君舍法而以心裁轻重，则同功殊赏矣，同罪殊罚矣，怨之所由生也。（《慎子》第二页，通行本。）

"怨之所由生"五个字,便是礼治不能维持的原因。但是不是社会组织的变更,人民也不敢有这种思想。既是有了这种思想,便非法治不可。所以慎子又说:

> 法虽不善,犹愈于无法,所以一人心也。夫投钩以分财,投策以分马,非钩策为均也,使得美者不知所以美,得恶者不知所以恶,此所以塞愿望也。(同,第一页。)

法治的酝酿,从春秋末年,既已开始;正式的成立,是在秦人统一以后。《琅琊刻石》所谓"皇帝作始,端平法度",便是正式的法治政治之开始。李斯也说:

> 今天下已定,法令出一,百姓当家则力农工,士则学习法令辟禁。……(《史记》卷六,第七页。又第十一页。)

这种法治主义,颇为后人所讥议,其实这全出于时代的要求。秦人的失败,是在烦刑苛罚,并不在于法治。所谓法治,是以一种公布的法令行于政权也,并不专在刑罚的轻重,和律令的烦简。汉初的约法三章,本是一时权宜之计,但是也仍然可以说是法治,并且天下未平,就由萧何作律九章,仍然是用的秦法了。

> 《汉书·刑法志》：高祖初入关，约法三章曰："杀人者死，伤人及盗抵罪。"蠲削烦苛，兆民大说。其后四夷未附，兵革未息，三章之法不足以御奸，于是相国萧何攈摭秦法，取其宜于时者，作律九章。（《汉书》卷二十三，第五页。）

后来"张汤、赵禹之属，条定法令"，律令加到三百五十九章。（同，第七页。）秦汉以后，实际都是法治，礼制不过一种具文而已。现在既叙明了古代政治上的三个阶级——神治、礼治、法治，我们以下便可谈到荀子的政治主张了。

二、荀子与礼治

荀子是一个主张礼治主义的人，这是大家都知道的。他对于礼的起原的研究，也比较有具体的说明。《礼论》篇说：

> 礼起于何也？曰：人生而有欲，欲而不得，则不能无求；求而无度量分界，则不能不争；争则乱，乱则穷。先王恶其乱也，故制礼义以分之；以养人之欲，给人之求，使欲必不穷乎物，物必不屈于欲，两者相持而长，是礼之所由起也。（《荀子集解》卷十三，第一页。）

这与他的政治起原说，是同一路的思想，都由性恶论去发。实际礼治是阶级制度的产物，阶级制度，又是神权政治下自然竞争的结果。他这种推想，对于阶级造成的原因，虽有一些符合，但也不能认为完全得着了真象。其弊病和他说的政治起原相同。并且他所谓礼，已是指的礼治政治时代的礼，与礼的原义，已不相同了。礼的起原，据近来的解释，约有下列两种：

一、由文字学上解释礼的起原，大致是起于事神的关系。《说文》示部说："礼，履也，所以事神致福也。从示，从丰，丰亦声。"又丰部说："丰，行礼之器也。"（《说文解字》段注卷一上，第一页。又卷五上，第十一页。）王静安先生说：

> 按殷墟卜辞有䖒字，其文曰：癸未卜贞醴䖒。古丰、珏同字，卜辞珏字作丰、䒭三体，则䖒即丰矣。又有䇂字及䇂字，䇂䇂又一字。卜辞䚔字或作䚔，其证也。此二字即小篆丰字所从之𠙴。古𠙴一字，卜辞出或作䇂，或作𠙴，知𠙴可作䇂、䇂矣。丰，又其繁文。此诸字皆象二玉在器之形。古者行礼以玉，……盛玉以奉神人之器，谓之𠙴若丰；推之而奉神人之酒醴，亦谓之醴；又推之而奉神人之事，通谓之礼。其初当皆用𠙴若丰二字，其分化为

礼、醴二字，盖稍后矣。（《观堂集林》卷六，第十六页。密韵楼本。）

大概盛玉奉神，便是礼字的本义。推之弱者献贡于他的具有威灵的酋长，以及后来一切卑者见长者的贽礼，都是由此而来。

二、由社会学上解释礼的来原，是出于人类一种自然的表示。依斯宾塞耳（Spencer）说，叩头俯伏，就是表示无防御、无抵抗的姿势；脱帽举手，也是要降服的表示。皆是从对于他人表示畏敬的情感自然发生。所以不问人民的文野，时代的古今，以及地域的东西，决定没有一种没有拜礼存在的社会。就是劣等的动物，也有这一类的礼。比如一个弱狗逢着一个强狗的时候，便会四足朝空的仰卧，表示一种无抵抗的姿势；又或者恐怕鞭挞的狗，就会俯首垂尾，表示一种服从的状态；都是对强者表示畏敬想慰和其心的意义，和人类的拜跪匍匐叩头脱帽，没有什么差异。（穗积陈重著《祭祀及礼与法律》一百五十一——一百六十页引释 Spencer, Principles of sociology pp.343-246.）他们这种说法，和庄子说的：

擎跽曲拳，人臣之礼也。（《庄子集释》卷二，第八页。）

大意完全相同，是一种弱者对于强者自然的表示，尤其是被征服的俘虏对于主人的表示。总之不论是对神对强者都由一种畏敬心出发。

这上面两种解释，实际可以互相说明，这便是礼的原义。后来到了礼治时代，礼的含义就逐渐的扩充，于是礼就成为一种"定上下，别贵贱"的原则，正式成为一种政治的工具。所以昭十五年《左传》叔向说"礼，王之大经也"，襄三十年子皮也说："礼，国之干也。"昭五年女叔齐更说得好：

> 礼，所以守其国，行其政令，无失其民者也。（《十三经注疏·左传》卷四十七，第三页。又卷四十，第八页。卷四十三，第七页。）

这时候的统治阶级，便利用礼来统治一般已服从的人民，同时也用礼来讨伐不服从的反叛，所以庄二十三年《左传》曹刿说：

> 夫礼，所以整民也。故会以训上下之则，制财用之节，贡赋多少；朝以正班爵之义，帅长幼之序；征伐以讨其不然。（同，卷十，第二页。）

在礼治时代，他们差不多可以用礼来断定国家的兴亡，和人生的祸福。比如昭四年《左传》浑罕说："蔡及曹、滕其先亡乎？偪而无礼。"昭二十五年鲁叔孙批评宋右师也说："无礼必亡。"（同，卷四十二，第三十页。又卷五十一，第六页。）这一类的话，在《左传》《国语》里很多，虽不全是当时的事实，总可以窥见礼在这种社会的势力。这是礼在古代社会上迁变的一段历史。荀子的礼治主义，便以后面这种礼为基础。我们现在且先看荀子以前，提倡礼治的儒家。儒家中间的元祖孔子，是一个很喜欢讲究礼治的。他说：

> 道之以政，齐之以刑，民免而无耻；道之以德，齐之以礼，有耻且格。（同，《论语》卷二，第一百页。）

他以礼和德并在一起，大概礼是一种感化的工具。不过孔子所谓礼，实际是指的甚么？很难捉摸。《礼记》所谓礼，大概有下列三种界说：

一、礼是政治的工具。《礼运》说："是故，礼者君之大柄也，所以别嫌明微，傧鬼神，考制度，别仁义，所以治政安君也。"（同，《礼记》卷二十一，第二十一页。）

二、礼是社会的制裁。《坊记》说："礼者，因人之情而为之节，以为民坊者也。"（同，卷五十一，第八页。）

三、礼是合理的行动。《乐记》:"礼也者,理之不可易者也。"(同,卷三十八,第十六页。)

孔子所谓礼,也似乎含有这三种意义,而他着重的,似乎在最后一条。孔子说:

> 邦君树塞门,管氏亦树塞门;邦君为两君之好,有反坫,管氏亦有反坫。管氏而知礼,孰不知礼?(同,《论语》卷三,第十二页。)

这种礼,与第一条相近,礼是辨别贵贱的东西。他告诉樊迟孝的道理:

> 生,事之以礼;死,葬之以礼,祭之以礼。(同,卷二,第二页。)

这种礼,和第二条相近,礼是节制人情的东西。他告诉颜回说:

> 非礼勿视,非礼勿听,非礼勿言,非礼勿动。(同,卷二,第一页。)

这种礼是行为的标准,所以他又说:

> 知及之，仁能守之，庄以涖之，动之不以礼，未善也。（同，卷十五，第九页。）

这大概与普通所谓礼貌相近？他说的"恭而无礼则劳，慎而无礼则葸，勇而无礼则乱，直而无礼则绞。"（同，卷八，第一页。）大概都是这种东西。最明白的是他说："事君尽礼，人以为谄也。"（同，卷三，第十一页。）但是这种说明，还是过于空泛，我觉得他所谓礼，大概就是指的从前的风俗和习惯。看他说：

> 麻冕，礼也。今也，纯俭，吾从众。拜下，礼也。今拜乎上，泰也，虽远众，吾从下。（同，卷九，第一页。）

这里之礼，明是从前的风习，不过他自己是主张选择合理的习惯，也不要专为旧的习惯所拘束的。所以他说："礼云礼云，玉帛云乎哉？"又说："人而不仁，如礼何？"（同，卷十七，第六页。又卷三，第三页。）这就是教人不要专讲旧的虚文，要人选择一种可以陶养人心的风习。他的礼，是以旧的风俗习惯为根本，而加以合理的选择，想以养成一种合理的行动。但是他又曾说：

第二章 本 论

> 能以礼让为国乎？何有？不能以礼让为国，如礼何？（同，卷四，第三页。）

这里又标出一个"让"字，看他批评子路说："为国以礼，其言不让。是故哂之。"（同，卷十一，第十一页。）大概就是礼应如此，外面也要表示一种逊让的态度。比如某人请了许多客人，在理应当某一人坐首席的，但是他自己须得逊让一番，然后大家才觉得感情上融洽。如果自己毫不逊让，大家总会觉得不大很好。孔子的主张礼让为国，或者也是这种道理？所以他的礼，是一种感化的工具。总之，孔子礼治主义的内容，虽也含有为政治工具和为社会制裁两种原素，而他的主要之点，是在选择一种合礼的。习惯和风俗性质并不是如法令一样的固定礼的精神，重在感化方面，不大十分注重制裁，这是儒家最早的礼治主义。以后的儒家，大致可分为两派：一派是专重礼的容貌，所谓礼之末节的。比如子夏说：

> 君子有三变：望之俨然，即之也温，听其言也厉。（同，卷十九，第三页。）

就是专在容貌上做工夫。所以子游批评他说：

> 子夏之门人小子，当洒扫应对进退则可矣，抑末也。本之则无，如之何？（同，第三页。）

这一派与政治主张上没有什么影响。再一派是专重礼的动机，所谓礼之本的。比如子张说：

> 士见危致命，见得思义，祭思敬，丧思哀，其可已矣。（同，第一页。）

便是这种精神。后来的孟子，也是属于这一派。看他说：

> 仁之实，事亲是也；义之实，从兄是也；智之实，知斯二者弗去是也；礼之实，节文斯二者是也。（同，《孟子》卷七下，第十二页。）

仁义就是所谓礼之本。孟子专门主张仁义，对于孔子的感化精神，更能有充分的补充和发展，但是他们的精神，还与孔子的礼治，相去不远。到荀子的礼治主义，却有点不同了。荀子的礼治主义，有两个要点他说：

> 故礼者，养也。刍豢稻粱，五味调香，所以养口也；椒兰芬苾，所以养鼻也；雕琢刻镂，黼黻文章，

第二章 本 论

所以养目也；钟鼓管磬，琴瑟竽笙，所以养耳也；疏房檖貌，越席床笫几筵，所以养体也。故礼者，养也。君子既得其养，又好其别。曷谓别？曰：贵贱有等，长幼有差，贫富轻重皆有称者也。(《荀子集解》卷十三，第一页。)

这中间一个是养，一个是别。他认为人的欲望，既不能根本铲除，则养不能不要。但是假使欲望没有限制，物质又不够分配，这里唯一的调和办法，只有一个别。所以他说：

势位齐而欲恶同，物不能澹，赡则必争；争则必乱；乱则穷矣。先王恶其乱也，故制礼义以分之，使有贫富贵贱之等，足以相兼临者，是养天下之本也。《书》曰"维齐非齐"，此之谓也。(同，卷五，第二页。)

这里所谓分，就是前面的别。他是承认社会不平等的，所以主张要有贫富贵贱之等。这里应当注意的，是他讲贫富阶级，这是战国时才有的，与以前的阶级，又已经不大相同。因为有了这种等级的分别，物质的分配，才能不至于不够。而人民各知道他的本分，又不至于因欲望的无限制，而起争乱。他以为这是政治上唯一的妙法。所以他说：

> 天下害生纵欲。欲恶同物，欲多而物寡，寡则必争矣。……离居不相待则穷，群而无分则争。穷者患也，争者祸也。救患除祸，则莫若明分使群矣。（同，卷六，第一页。）

荀子的礼治主义，最后的目标，就是这个分和别。统治的人，只要将这个分一定，社会上便没有事了。所以他说：

> 礼岂不至矣哉！立隆以为极，而天下莫之能损益也。（同，卷十三，第四页。）

荀子的礼治主义，大致都以物质分配为前提，这固然是受了他的性恶论的影响，实际又是当时新起的贫富阶级制度的反映，这一点是他和从前礼治主义根本不同的地方。从前的礼治主义，没有固定的内容，荀子却主张一定的标准；从前的礼治主义，大致都是主张用感化政策，荀子却主张用制裁的方法，又是他和从前礼治主义精神不同的地方；从前的礼治主义，未尝专门讲究阶级的差别，他们所谓礼，不过一种合理的行动。荀子却将礼的范围缩小，专门讲究这种差别，这一点又可说是他和从前礼治主义范围不同的地方。总之，荀子的礼治，已经很与法治的精神接近，他是礼治、法治过度期间的一个代表人物。

三、荀子与法治

法与刑罚不同，前面已经说及。刑罚差不多可说是原始社会就有了的；至于正式的法治，起来却很迟。就是晋国的被庐之法，楚国的仆区之法，（《十三经注疏·左传》卷四十四，第四页。）都还不是正式的法。正式公布的成文法，起原在春秋的末期，最早是郑国的子产。昭六年《左传》说：

> 郑人铸刑书。叔向使诒子产书曰："始吾有虞于子，今则已矣。昔先王议事以制，不为刑辟，惧民之有争心也。……民知有辟，则不忌于上，并有争心，以征于书，而徼幸以成之，弗可为矣。……将弃礼而征于书。锥刀之末，将尽争之。乱狱滋丰，贿赂并行，终子之世，郑其败乎？……"复书曰："若吾子之言。侨不才，不能及子孙，吾以救世也。"（同，卷四十三，第十六—二十页。）

看子产"吾以救世"的话,很可玩味。后来郑国更采用邓析的《竹刑》。

> 定九年《左传》:郑驷歂杀邓析,而用其《竹刑》。(同,卷五十五,第十九页。)

益发趋于利便了。其次铸刑鼎的,是晋国的赵鞅,昭三十年《左传》说:

> 冬,晋赵鞅、荀寅帅师城汝滨,遂赋晋国一鼓铁,以铸刑鼎,著范宣子所谓刑书焉。(见前)

但是这都限于用刑一方面,并不能认为正式的法治政治,只是一种法治的萌芽时期。后来到战国的中世,渐渐比较的进步。近似法治政治的,很有几国:第一是秦,商鞅的《商君书》,虽然是伪书,但据《韩非子·定法》篇说:

> 今申不害言术,而公孙鞅为法。术者,因任而授官,循名而责实,操杀生之柄,课群臣之能者也,此人主之所执也。法者,宪令著于官府,刑罚必于民心,赏存乎慎法,而罚加乎奸令者也,此臣之所

师也。(《韩非子》卷十七,第三页。)

商鞅总要算是一个用法治的人。《史记·商君列传》也说:

> 卒定变法之令,令民为什伍,……令既具,恐民之不信,已乃立三丈之木于国都市南门,募民有能徙置北门者,予十金,……以明不欺。卒下令,令行于民。朞年,秦民之国者,言初令之不便者以千数。于是太子犯法,……刑其傅公子虔,黥其师公孙贾。明日,秦人皆趋令。行之十年,秦民大说。……秦民初言令不便者,有来言令便者,卫鞅曰:"此皆乱化之民也。"尽迁之于边城。其后民莫敢议令。(《史记》卷六十八,第二页。)

明明已是一种成文法的性质。第二是韩,《史记》说"申不害主刑名。"(同,卷六十三,第三页。)韩非也说他"循名而责实",都近于法治的精神。并且《定法》篇说:

> 申不害,韩昭侯之佐也。韩者,晋之别国也。晋之故法未息,而韩之新法又生;先君之令未收,而后君之令又下。申不害不擅其法,不一其宪令,

则奸多。……故托万乘之劲韩，七十（疑当作十七）年而不至于霸王者，虽用术于上，法不勤饬于官之患也。（《韩非子》卷十七，第四页。）

申不害虽然是一个用术乱法的人，不能真认为法治，但是韩国也是在行公布的法令，其弊端就是一个其法不一而已。第三是楚，《史记·吴起列传》说：

至则相楚，明法审令，捐不急之官，废公族疏远者，以抚养战斗之士。要在强兵，破驰说之言从横者。……（《史记》卷六十五，第三页。）

《秦策》更说他"塞私门之请，一楚国之俗"（《战国策》卷五，第十四页。）其主张行为也颇与商鞅相近。大概这都可认为法治政治的前驱。至于当时提倡法治主义的学者，比如慎到、尹文、韩非一流，也很有几位。韩非更是一个集大成的人。现行的《管子》和《商君书》大部也是战国末年法治主义者的议论。法治主义与礼治主义有几个根本不同之点。

一、礼治主义无论如何到了极端，还是一个人治主义。所以荀子《君道》篇说：

> 有乱君，无乱国；有治人，无治法。羿之法非亡也，而羿不世中；禹之法犹存，而夏不世王。故法不能独立，类不能自行；得其人则存，失其人则亡。法者，治之端也；君子者，法之原也。故有君子则法虽省，足以偏矣；无君子则法虽具，失先后之施，不能应事之变，足以乱矣。（《荀子集解》卷八，第一页。）

因为法是一个死的物质，运用的人要使不好，这个法自然也失了效力。而法治主义，却极力反对这种人治主义。他的理由是：

> 且夫尧、舜、桀、纣千世而一出，……中者上不及尧、舜，而下者亦不为桀、纣，抱法则治，背法则乱。背法而待尧、舜，尧舜至乃治，是千世乱而一治也；抱法而待桀、纣至乃乱，是千世治而一乱也。（《韩非子》卷十七，第二页。）

以为专靠人治，那么圣君贤相，是很稀有的，岂不是长是乱世？假使靠法为标准，就是中主也不敢毁法自私，岂不是比较人治好的多了。所以他们主张，都要以法为准。《商君书·修权》篇说：

> 先王悬权衡，立尺寸，而至今法之，其分明也。夫释权衡而断轻重，废尺寸而断长短，虽察商贾不用，为其不必也。……不以法论智能贤不肖者唯尧，而世不尽为尧，是故先王知自议誉私之不可任也，故立法明分，中程者赏之，毁公者诛之。（《商君书》卷三，第四页。通行本。）

便是这种意思。《管子·明法》更说："使法择人，不自举也；使法量功，不自度也。"（《管子》卷十五，第三页。同右。）实际则礼治主义的人，未尝不知道要法，他却以为人重于法，所以主张养源，要以圣王为法。法治主义的人，也未尝不知用法还是在人，他却认为法重于人，所以主张治标，要舍己而以物为法。这是他们根本不同之点。

二、礼治主义者所谓法，不过一种伦理的标准，不全是一种物质性的法令。所以主张议法，承认法之外还可"以类行推"。《荀子·王制》篇说：

> 故法而不议，则法之不至者必废；职而不通，则职之所不及者必坠。故法而议，职而通，无隐谋，无遗善，而百事无过，非君子莫能。……其有法者以法行，无法者以类举，听之尽也。……故有良法

而乱者有之矣,有君子而乱者,自古及今,未尝闻也。(《荀子集解》卷五,第二页。)

而法治主义,则以为一切都要在法之中活动。《管子·任法》篇说:

夫法者,上之所以一民使下也;私者,下之所以侵法乱主也。故圣君置仪设法而固守之。……万物百事,非在法之中者,不能动也。(《管子》卷十五,第二页。)

便是明证。因此法之外,再没有什么"类"。所以《管子·明法》篇又说:

是故先王之治国也,不淫意于法之外,不为惠于法之内也。动无非法者,所以禁过而外私也。(同,第三页。)

法治主义最不主张人民议令,也是由此。

《管子·重令》篇:且夫令出自上,而论可与不可者在下,是威下系于民也。(同,卷五,第四页。)

《法禁》篇又说:"法制不议,则民不相私。"(同,第三页。)这又是他们主张不同之点。

三、从前的礼治主义者,都主张用感化政策,他们的目的,是在导人为善,这是不容说的。就是主张性恶的荀子,虽然主张用制裁的方法,节制人的欲望。他的最后目的,仍然是要勉人为善。所以《性恶》篇说:

> 今人之性固无礼义,故强学而求有之也;性不知礼义,故思虑而求知之也。(《荀子集解》卷十七,第三页。)

又如他已明说"其善者伪也",那么他主张化性起伪,起伪便是起善可知。所以《礼论》篇又说;"故学者,固学为圣人也。"(同,卷十三,第五页。)而法治主义,则不希望人为善,他的目的止在消极的禁人为非。所以韩非子《显学》篇说:

> 夫圣人之治国,不恃人之为吾善也,而用其不得为非也。恃人之为吾善也,境内不什数;用人不得为非,一国可使齐。为治者用众而舍寡,故不务德而务法。夫必恃自直之木,百世无矢;恃自圆之木,千世无轮矣。……不恃赏罚而恃自善之民,明主弗贵也。何则?国法不可失,而所治非一人也。

故有术之君，不随适然之善，而行必然之道。(《韩非子》卷十九，第七页。)

这又是他们精神不同之点。

四、礼治主义者，是不懂得社会进化论的，所以他们言必称先王。就是《荀子》书中另有法后王的说法，也仍然是不懂进化的原理。《荀子》书中的后王，我看从前的人都没有一个懂得清楚。其实他所谓后王，是他理想中一个后起之王，这个王是具有古代所有一切善制的。古代制度中间比较可考的当然是三代，三代的制度存在的，都是后王的一部。所以他说："王也者，尽制者也。"最明白是《正名》篇说：

后王之成名：刑名从商，爵名从周，文名从《礼》，散名之加于万物者，则从诸夏之成俗曲期；远方异俗之乡，则因之而为通。……此后王之成名也。(《荀子集解》卷十六，第一页。)

后王是统合古今中外一切已备而还存在的制度之理想人物，所以《非相》篇说：

欲观圣王之迹，则于其粲然者矣，后王是也。

彼后王者，天下之君也。（这一段是否荀子所说，尚有可疑，大概是祖述荀子的人所作？）

但是他仍然是一个保守主义，所以他要骂那些提倡"古今异情，其所以治乱者异道"（同，卷三，第四页。）的法治派为妄人，其实法治派是具有社会进化的眼光的，《韩非子·五蠹》篇说：

> 今有构木、钻燧于夏后氏之世者，必为鲧、禹笑矣；有决渎于殷、周之世者，必为汤、武笑矣。然则今有美尧、舜、汤、武、禹之道于当今之世者，必为新圣笑矣。是以圣人不期修古，不法常可，论世之事，因为之备。（《韩非子》卷十九，第一页。）

这种议论，比较礼治主义的人进步的多了。这又是他们见解不同之点。

依上面几点来看礼治与法治似乎完全不同，荀子与法化治，也似乎没有多大的关系。实际却又不然。我们看荀子弟子韩非、李斯两个人，都是法治派中最主要的人物。这中间的消息，就可以想见荀子与法治的关系。依我看也可分为下列四点。

一、荀子虽然主张礼治，但是他政治上的目标，是

第二章 本 论

要"明分使群"。实际他所谓礼只是一种权利分配的标准。所以《荣辱》篇说：

> 夫贵为天子，富有天下，是人情之所同欲也。然则从人之欲，则势不能容，物不能赡也。故先王案为之制礼义以分之，使有贵贱之等，长幼之差，知愚、能不能之分，皆使人载其事而各得其宜，然后使悫谷禄多厚薄之称，……故或禄天下而不自以为多，或监门御旅、抱关击柝而自不以为寡。（《荀子集解》卷二，第十三页。）

法治主义的法令，就是规定这种权利分配的工具。我们看法治派的尹文子说：

> 名定则物不竞，分明则私不行。物不竞非无心，由名定，故无所措其心；私不行，非无欲，由分明，故无所措其欲。（《尹文子》第二页，通行本。）

这与荀子的礼治主义，有什么分别！韩非子说"夫立法令者，以废私也。"（《韩非子》卷十七。第八页。）也正是这个道理。荀子《劝学》篇说"礼者，法之大分"，（《荀子集解》卷一，第四页。）可见他所谓礼与法的性质，实很相近。

二、荀子的礼治，是要立一个"隆正"，使起天下莫能损益。《解蔽》篇也说：

> 圣也者，尽伦者也；王也者，尽制者也。两尽者足以为天下极矣。（同，卷十五第八页。）

他把以圣王为标准的礼，当为一种最高无上的治政目标。所以他又说：

> 《传》曰："天下有二，非察是，是察非。"谓合王制与不合王制也。天下有不以是为隆正也，然而犹有能分是非治曲直者耶？（同，第九页。）

他这种标准，虽与法令的性质，略有不同。但是他的精神，与《商君书》所说"故立法明分，中程者赏之，毁公者诛之。"完全没有什么分别。又如《管子·明法解》说：

> 明主者，一度量，立表仪，而坚守之。故令下而民从法者，天下之程式也，万事之仪表也。……故明主之治也，当于法者赏之，违于法者诛之。故以法诛罪，则民就死而不怨；以法赏功，则民受赏而无德也。（《管子》卷二十一，第五页。）

法治以合法不合法为断,荀子以合王制不合王制为断,这两者关系之密切,很容易明白。

三、荀子虽然是要勉人为善,但是他的根本,是从性恶论出发。他的政治的要点,也是在节制欲望,所以他说"然则从人之欲,则势不能容,物不赡也,故先王案为之制礼义以分之。"……法家的政治主张也大都是从性恶论出发的。所以《韩非子·显举》篇说:

> 夫严家无悍虏,而慈母有败子,吾以此知威势之可以禁暴,而德厚之不足以止乱也。(《韩非子》卷十九,第七页。)

《五蠹》篇也说"民固骄于爱,听于威矣。"(同,第二页。)他们都以为人性本恶,非严刑峻罚,不足以禁止人的私欲。其受荀子的影响很大,更不容说。

四、荀子书中的《非相》篇说:

> 夫禽兽有父子,而无父子之亲;有牝牡,而无男女之别。故人道莫不有辨,辨莫大于分,分莫大于礼,礼莫大于圣王。圣王有百,吾孰法焉?故曰:文久而息,节族久而绝,守法数之有司,极礼而褫。故曰:欲观圣王之迹,则于其粲然者矣,后王是也。彼后王

者，天下之君也，舍后王而道上古，譬之是犹舍己之君而事人之君也。(《荀子集解》卷三，第三—四页。)

这一种反对道上古的话，我很疑惑非荀子本人所说？但是假使荀子果真有一个理想的后王，这也是一种必然的推论。这种说法，与《韩非子·显学》篇说的：

> 今世儒者之说人主，不言今之所以为治，而语已治之功；不审官法之事，不察奸邪之情，而皆道上古之传，誉先王之成功；……此说者之巫祝，有度之主不受也。(《韩非子》卷十九，第七页。)

中间显然有可联络的关系。大概也是礼治和法治互相影响的结果罢。

就上面几点来看，荀子与法治派，很有互相影响的地方。所以荀子的礼治主义，已经是礼治的尾声，普通认他为礼治到法治中间的过渡，大概是不差的。

第四节　荀子与古代经济

一、古代经济的组织与进展

古代经济的组织，以历史上的残影来推测，约可分为三个时期：一为部落社会或是氏族社会的经济组织，二为封建政治或是封建社会的经济组织，三为资产阶级或是小资本主义的经济组织。不过讲到经济的组织，与生产的方法和生产的工具，都有很大的关系。生产的方法最早是渔猎，以次进为畜牧、农业、工商业。生产的工具，最早为石器，以次进而为铜器，为铁器。以上的分期，也都是一种大略的说法，绝不是某一时期过了，又才进为第二个时期。每一个时期，都与他一个时期同时并存，只能在这个中间分一个主要与不主要而已。中国古代的经济，在有史以前，大概都是一种渔猎生活，是一种天然自足的经济，还没有什么叫做生产。殷代的情形，就卜辞来看，有渔猎，有畜牧，也有农业，也有工商业。但是依近人的研究，殷代的生活，大致是以畜牧为主。因为当时的家畜，已经很发达。祭祀时候所用的"牲"，其种类已备有牛、羊、犬、豕，《殷墟书契考释》说:"其牲或曰大牢,或曰小牢,或牛或羊,或豕或犬。"(《殷墟书契考释》卷下,第六十一—六十二页。)以外还有用马和用鸡的痕迹,而一次用牲的数目,多至三百四百:

贞:㞢,御牛三百。(《殷墟书契前编》卷四第八页)
丁亥,卜囗贞,昔日乙酉,箙武御大丁,大甲,祖乙,百㞢,百羊,卯三百囗。(后编卷上第二十八页)

畜牧的繁盛,可以想见。并且那时为刍牧而发生的牧田很多:

土方牧我田十人。(《殷墟书契菁华》第六页)
㗊方牧我西鄙田。(同第二页)
㗊方牧我示桑田七人五。(同上)

也可以证明那时是一种畜牧社会的生活。卜佃猎的,在卜辞里虽然很多,依上面这种情形来看,大概是沿袭从前游猎的遗习?这种田猎的习惯,在后来都仍然存在,《左传》里还可看见。农业还在初期,因为殷墟文字中的农字和藉字,都和初期农业社会所用的工具和方法相同。比如:

《本草纲目》卷十说：南方藤州以青石为刀剑，如铜铁，……国人垦田以石为刀，长尺余。(《本草纲目》卷十，此据日本《史学杂志》第三十编第七号林泰辅《由支那古代石器玉器所见的汉民族》转引。)

《北史·东夷传》：琉球国厥田良沃，先以火烧而水灌，持一锸以石为刀，长尺余，阔数寸。(《北史》卷九十四，第十一页，光绪上海刻本。)

可见初期农业民族所用的工具，是石刀和石锸，所用的方法是火田法。殷墟的农字作茻或䎉，也有作茻。农字所从的ㄟ、ㄏ，是古石字。所用的耕具，大概还是石器。藉字作䅆，所持的大概就是石刀，或是石锸。农字从林，殷墟文字有"卜焚"的话，就是先选草木茂盛的地方，用火烧了来为田的火田法，这都是初期农业的现象。工业在石器时代就有，不过仅是土器、石器、骨器，殷代已经有了铜器，大致已经入了青铜器时期。商业也已经开始，因为他有用贝的痕迹。殷墟文字已经发现珧制的贝，又在殷金文中也有锡贝的文字。比如：

阳亥敦阳亥曰：遣叔休于小臣贝三朋，臣三家，对厥休，用作父丁宝彝。(《愙斋集古录》卷七第八页)
伐囗鼎丁卯，王令俎子会西方于相。惟反，王

赏伐□贝一朋,用作父乙鼎。(同卷六第五页)

用贝的来源,有人说是由于渔猎民族与畜牧民族的一种货物的交易。货贝是渔捞民族所有的财产,牛马是牧畜民族的一种家财,后来财宝一类的字都从贝,物件等字从牛,原来货和物同义。其后贝以比较轻便,渐渐用作交易上的价值公准。两个字的含义,虽各不同。如果这个假设,能够成立,商业的起源,就在渔猎到畜牧一个交代时间发生。不过殷人用贝,至多不过十朋,不像《诗经》里说"锡我百朋"(《十三经注疏·诗经》卷十之一,第十六页。),可知那时工商业,都还没有占到社会生活上的大势力。总之,殷代是一个由畜牧到农业的社会生活。我们现在要研究的,就是他们的经济组织。在完全是畜牧部落的时候,他们的经济组织,大概是公有制?就殷民族和土方、🐚方(方就是国)互争牧田的情形来看,牧田大概还是一个部落所共有?

王固曰:之求其之来嫠竖,三至九日辛卯,允之来嫠自北,妻笅告曰:土方牧我田十人。(《菁华》第二页)

王固曰:之求其之来嫠,三至七日己巳,允之来嫠自西,🐚友角告曰:🐚方出牧我示桑田七人五。(同第一页)

第二章 本 论

媞是王遣出的保护牧田的侦探，牧田大概是归部落公管。这个以前，我们叫他为部落社会的经济组织。至于殷人末期的农业社会，上面引的金文，已经有"锡贝三朋、臣三家"的话，似已有私有的财产？土地的分与，或也已渐转为国有。国有制是贵族政治的经济组织，周代完全是如此的。实际土地是王和贵族所有，工作的农民，只有使用土地权，没有所有权。所以他所收获的东西，要拿一大部分供养坐食阶级的贵族。这种经济组织，和奴隶制是相伴而生。殷人已有奴隶，大概这种经济组织，已经开始了。周代是以农业为社会生活的基础，这似乎用不着再说。但是也并不是没有畜牧，比如《小雅》的《无羊》说：

  谁谓尔无羊？三百维群。谁谓尔无牛？九十其犉。尔羊来思，其角濈濈。尔牛来思，其耳湿湿。或降于阿，或饮于池，或寝或讹。尔牧来思，何蓑何笠，或负其餱。三十维物，尔牲则具。……牧人乃梦，众维鱼矣，旐维旟矣。大人占之，众维鱼矣，实维丰年；旐维旟矣，室家溱溱。（同，卷十一之二，第十二页。）

就是专门以牧畜为生。但是这是贵族的大人们所经营的私有产业，就是到了秦汉《史记·货殖列传》也还在说"陆地牧马二百蹄，牛蹄角千，千足羊，泽中千足麑，水居千石鱼陂，……此其人皆与千户侯等。"(《史记》卷一百二十九，第六页。)实际到现在，中国北方仍然大致是如此，不过不能和农业相比就是了。这个时代，土地的分配，是由王以一部分给他的诸侯，《鲁颂》所说"锡之土田，山川附庸"(《十三经注疏·诗经》卷二十之二，第五页。)便是。诸侯又给一部分与大夫，就是大夫的食邑。所以土地都是贵族所有，农人没有一种自由的生产。昭三年《左传》齐国的晏平仲说：

> 民三其力，二入于公，而衣食其一。公聚朽蠹，而三老冻馁。(同，《左传》卷四十二，第十页。)

晋之叔向也说：

> 庶民罢敝，而公室滋侈。道殣相望，而女富溢尤。(同，第十一页。)

农人在贵族政治下所受的压迫，也可想见。讲得最好的，是《小雅》的《甫田》。他前面说"我取其陈，食我农人"，又说"我田既臧，农夫之庆"，又说："曾孙不怒，农夫克敏"。可见农人实际，等于贵族的农奴。后面又说:"曾孙之稼,如茨如梁;曾孙之庾,如坻如京;乃求千斯仓,乃求万斯箱。"(同,《诗经》卷十四之一,第一一十二页。)又可见农业的生产力,在当时似乎已有特别的增加?这一个问题,与铁器的发明,大有关系。铁字最早见于书籍,《禹贡》梁州所贡的"璆铁银镂,"(同,《尚书》卷六,第十九页。)但是《禹贡》已是战国以后人的作品。其次是《管子·海王》篇的

> 今铁官之数,曰:一女必有一鍼一刀,……耕者必有一耒一耙一铫,……行服车辇必有一斤一锯一锥一凿。(《管子》卷二十二,第一页。)

但是《管子》一书,又是战国末年所作。再其次是《左传》晋国的赋一鼓铁以铸刑鼎。《左传》虽是战国中世的作品,这个铁的刑鼎,似乎不会很假?大概是春秋以前,确已有铁了。又据《国语》叙《管子》说:"美金以铸剑戟,试诸狗马;恶金以铸鉏、夷、斤、斸,试诸壤土。"(《国语》卷六,第九页。)有人说美金是钢铁,恶金是熟铁和钢铁的粗制品,(日本国史讲习会《考古学讲座》第六卷,第十三页。)这个说法,不大很确。大概与《海王》篇对照,恶金或者就是铁?铁的用为耕器,大致比较的早。其铸为兵器,则在战国时才偶有之。比如《墨子》的"铁

砟"《荀子》的"铁鈶"(《墨子间诂》卷十四，第四十四页。又《荀子》《集解》卷十，第七页。)《周颂·臣工》说："命我众人，庤乃钱镈，奄观铚艾。"《良耜》也说："伊纠其镈斯赵以薅"(《十三经注疏·诗经》卷十九之三，第十七页。又卷十九之四，第九页。)铁镈铚，都是金属的农器。这种金属是否是铁，还不能定。《考工记》说："段氏为镈器。"又说："粤之无镈也，非无镈也，夫人而能为镈也。"又说："吴粤之金锡，此材之美者也。"则镈当为金锡的合金。但他又说："吴粤之剑。"(同，《周礼》卷三十九，第四一六页。)而后来之《吴越春秋》说："干将作剑，采五山之铁精，六合之金英。"(《吴越春秋》卷四，第三页。四部丛刊本。)《越绝书》也说："欧冶子、干将取铁英作为铁剑三枚。"(《越绝书·外传记宝剑》第十一，第一页。汉魏丛书本》。)这虽是后来的传说，但他们都认吴越之剑为铁制。不过《荀子·强国》篇说："金锡美，工冶巧，火齐得，剖刑而莫邪已。"(《荀子集解》卷十一，第一页。)仍然认为金锡的合金。或者古来铁已有了，只是认为金锡的一种，在最早更止有一个金的名称。《周颂》的铁镈，或者已经是铁的农器亦未可定？不过《周颂》的时代，我疑为东周时祭祀之乐，就是果真铁已发明，也不会十分很早。《公刘》有"取厉取锻"(《十三经注疏·诗经》卷十七之三，第十三页。)的话，似乎与段氏为镈器有关。但是《费誓》说："锻乃戈矢，厉乃甲兵。"(同,《尚书》卷二十,第七页。)锻与砺,仍然是相近似的物质,不能为发明铁器的证佐。我以为铁的发明在春秋以前,至早在东西周之际。这一个时期,因为铁的发明,农业生产力增加,社会的生活渐渐趋于复杂,工商业因之发达,而贵族政治也就趋于崩坏,贫富阶级,因以开端。《小雅·大东》说:

> 西人之子,粲粲衣服。舟人之子,熊罴是裘。私人之子,百僚是试。(同,《诗经》卷十三之一,第十页。)

这几句诗,很能表现贵贱阶级与贫富阶级交替时代的精神。《小雅·正月》说:"哿矣富人,哀此惸独!"(同,卷十二之一,第十七页。)这是富人阶级已起来了的明证。这中间的枢纽,最重要的,还是工商业的发达。太史公说:

> 夫用贫求富,农不如工,工不如商。"刺绣文不如倚市门",此言末业,贫者之资也。(《史记》卷一百二十九,第六页。)

这时候一部分狡猾的份子,都往工商业上走了。《郑风》上说的:

> 出其东门,有女如云。虽则如云,匪我思存。缟衣綦巾,聊乐我员。(《十三经注疏·诗经》卷四之四,第九页。)

以及《陈风》上的:"谷旦于差,南方之原。不绩其麻,市也婆娑。"(同,卷七之一,第五页。)这一些时髦女子,差不多就是太史公说的:

> 今夫赵女郑姬,设形容,揳鸣琴,揄长袂,蹑利履,目挑心招,不远千里,不择老少者,奔富厚也。(《史记》卷一百二十九第六页。)

这都是工商业发展的结果。因此而一般农人,也受了牵动,开始不承认贵族的土地所有权,于是大骂一般贵族说:

> 不稼不穑,胡取禾三百廛兮?不狩不猎,胡瞻尔庭有县貆兮?彼君子兮,不素餐兮!(《十三经注疏·诗经》卷五之三,第十一页。)

坐食阶级,已经渐渐不能立足。以后的土地所有权,便逐渐转移于人民之手。以后一直到战国,都是商人占势力，而人民大部都生活于此辈富商或是由富商变成的大地主的宇下。因为这种关系，社会上的经济权，一概操于资产阶级之手。我们可以叫他为资产阶级的经济组织。这是古代经济变迁的大势。他与荀子的关系，以下再分段细说。

二、荀子思想与当时商业的关系

从春秋以来，社会经济因为商业的发达，完全集中于一般富商，或是由富商变成的大地主。昭十六年《左传》说：

> （韩）宣子有环，其一在郑商。宣子谒诸郑伯，……子产对曰："昔我先君桓公，与商人皆出自周，庸次比耦，以艾杀此地，斩之蓬蒿藜藿，而共处之。世有盟誓，以相信也。曰：'尔无我叛，我无强贾，毋或匄夺，尔有利市财贿，我勿与知。'恃此质誓，故能相保，以至于今。今吾子以好来辱，而谓敝邑强夺商人，是教敝邑背盟誓也，毋乃不可乎？"（同，《左传》卷四十七，第十七—十九页。）

郑国的商人，大概就是从前征服的商民族，由周室分配给郑国的。例如定四年说："分鲁公以殷民六族，分康叔以殷民七族"之类。(同,卷五十四,第十五—十九页。)但是他们的时代,已经是宣、幽之际,地位比从前稍已不同。郑国是人口较密的地方,大概土地也不够分配,于是保护他们经商,不过他们有了政府的保护,又恰合了时代的潮流,发展更觉容易。大概郑国是商业首先发达的区域。到春秋中年,商人弦高已经在政治上建立功劳。其次是晋国。叔向已说:"绛之富商,……能行诸侯不贿。"(《国语》卷十四,第十一页。)皆可为商业逐渐发达之证,据太史公说:"故齐冠带衣履天下。"(《史记》卷一百二十九,第一页。)似齐国也早已就成为工商业的中心,虽然说是从太公以来就已发达的话,未必可信;但是春秋末年的陶朱公也是在山东的陶(定陶),三致千金。

> 《史记·货殖列传》:朱公以为陶天下之中,诸侯四通,货物所交易也。乃治产积居与时逐,……十九年之中,三致千金。……子孙修业而息之,遂至巨万。(同,第二页。)

又子贡也是"废著鬻财于曹鲁之间",后来至于"结驷连骑,……所至国君无不与之分庭抗礼"。(同,右。)大概山东、河南、河北一带,是最早商业发达的地方。到战国以后,由商人变成的大地主的更多,比如"猗顿用盐起家，而邯郸郭纵以铁冶成业，与王者埒富"。（同，第三页。）吕不韦以阳翟大贾，至为天子的假父。（同，卷八十五，第一一三页。）在政治上，在社会上，富商都已成为经济的中心。一般贫民，都沦没为富户的私奴。

> 《史记·货殖列传》：白圭，周人也。与用事僮仆同苦乐。又说：齐俗贱奴虏，而刁间独爱贵之。桀黠奴，人之所患也，唯刁间收取，使之逐鱼盐商贾之利，终得其力，起富数千万。（同，卷一百二十九，第二页，又第八页。）

而奴隶至于变为家财的一部，所以太史公说：

> 马蹄躈千，牛千足，羊、彘千双，僮手指千，……此亦比千乘之家。（同，第七页。）

大概这时候社会上有两种人是最有钱的。一种是由一个无赖，先夺取政权，而后致富的。比如苏秦、范雎一流的人物。中间也有一部分本是贵族，如孟尝、信陵四公子之徒。这就是太史公所谓"封君"，所谓"千乘之家"。再一种就是纯粹的大富商、大地主，太史公所谓"素封"，所谓"亦比千乘之家"的人物。这种富厚，都是由智力竞争而来。这种背影，与荀子的思想，以很大的影响。荀子讲政治，专从物质的分配出发，可以知道当时分配不均，是社会经济上一个重大问题，因此而引起生活的不安，争夺的剧烈，便从这里发生。这种现象，在春秋末年的孔子，已经觉悟。所以他说：

> 夫有国有家者，不患寡而患不均，不患贫而患不安。（《十三经注疏·论语》卷十六，第一页。）

荀子对于这一点也已曾感觉。所以他说：

> 万物同宇而异体，无宜而有用为于人，数也。人伦并处，同求而异道，同欲而异知。皆有可也，知愚同；所可异也，知愚分。执同而知异，行私而无祸，纵欲而不穷，则民心奋而不可说也。（《荀子集解》卷六，第一页。）

这就是说的一种知愚的竞争。他对于这种现象，感觉很不好，所以他又说：

> 强胁弱也，知惧愚也，民下违上，少陵长，不以德为政：如是，则老弱有失养之忧，而壮者有分

争之祸矣。(同，右。)

因此他便想出一个"救患除祸，则莫若明分使群"大办法，要节制他们的自由竞争，使起他们各安本分。再看他说的"分"，是些什么？

一、使有贵贱之等，长幼之差，知愚、能不能之分，皆使人载其事而各得其宜。(同，卷二，第十三页。)

二、使有贫富贵贱之等，足以相兼临者，是养天下之本也。(同，卷五，第二页。)

三、礼者，贵贱有等，长幼有差，贫富轻重，皆有称者也。(同，卷六，第二页。)

大概共有五种标准：(一)贵贱，(二)贫富，(三)长幼，(四)知愚，(五)能不能。除长幼一种，是他的人道主张以外，贵贱和贫富，就是想维持我前面所说的"封君"和"素封"两种人物的权利。知愚能否，更是这种智力竞争的原动力。所以荀子实际并没有反对这种资产阶级的经济组织，只想将就这种现象之中，略加以等级的限制，使有一种固定的性质，免除以后的竞争。所以他说：

> 人之生不能无群，群而无分则争，争则乱，乱则穷矣。故无分者，人之大害也；有分者，天下之本，大利也。而人君者，所以管分之枢要也。（同，右。）

实际是想假政治的力量，维持已有的经济组织。他的目的，仅在防止以后的争乱。所以他对于墨子的节用主义，以为不近于人情，没有得着当世的症结。

> 《富国》篇：夫天地之生万物也，固有余，足以食人矣。麻葛茧丝、鸟兽之羽毛齿革也，固有余，足以衣人矣。夫不足，非天下之公患也，特墨子之私忧过计也。天下之公患，乱伤之也。（同，第五页。）

他这种经济思想，固然是近于一种保守主义的精神，却也有一部分的真理。但是荀子又是一个主张重农轻商的人。看他说：

> 轻田野之税，平关市之征，省商贾之数，罕兴力役，无夺农时，如是则国富矣。（同，第二页。）

又说："工商众则国贫。"（同，第八页。）他是否已经明了这种经济组织的成立，是由于商业的关系？因为他在这方面讲得过少,我们还不敢十分决定。但是他已经感觉得这时候商业的过于发达,这是一种事实。凡是讲重农主义的人,都带有贱商的色采。孟子说:"征商自此贱大夫始矣。"(《十三经注疏·孟子》卷四下,第七页。)固然他是专门排斥重利的人,还不是一种社会的眼光,却也已经带有贱商的意味。后来一派法家,对于工商非常的排斥。比如《商君书·农战》篇说:

> 故其境内之民,皆化而好辩、乐学,事商贾,为技艺,避农战。如此,则不远矣。国有事,则学民恶法,商民善化,技艺之民不用,故其国易破也。夫农者寡而游食者众,故其国贫危。……(《商君书》第三页。)

《韩非子·五蠹》篇也说:

> (上略)……"其商工之民,修治苦窳之器,聚弗靡之财,蓄积待时而侔农夫之利。此五者,邦之蠹也。(《韩非子》卷十九,第五页。)

都认工商为游食之民,所以后来秦汉都有贱商的法律。比如秦始皇的"发诸尝逋亡人、赘婿、贾人略取陆梁地"

(《史记》卷六，第九页。)《汉律》的"唯贾人与奴婢倍算"(《汉书》卷二，第二页。)都以商人与罪人奴隶为伍。这固然是后来的事情；但是这种贱商的趋向，是从战国发生，荀子已经受了影响。虽然他们是贱商，实际是表见商业的逐渐发达，使起为社会生活基础的农业，受了一部分的摇动，这很可以说明当时社会上经济的状况。荀子的分配论，和轻商的表示，都是这种潮流中间自然表现出来的一种意识。

三、荀子思想与当时农民的生活

贵族政治下的农民生活，由我前面所叙的来看，其情形自然是很苦的。社会组织变更以后，农民的生活，应当比较的可以自由。但是因为商业发达的关系，人民生活比较从前繁华，而农人在经济上的势力，绝不能与商人相抗。于是一部分完全失败了的农民，自然的沦为富商或地主的私奴。正是太史公所说的：

> 凡编户之民，富相什则卑下之，佰则畏惮之，千则役，万则仆，物之理也。(《史记》卷一百二十九，第六页。)

其情形恐怕比以前还不如了。以外大部的自由农民，虽然勉强支持，其所受的经济上的困难，也就可想。并

第二章 本　论

且以外还有二种重大的痛苦：一是政府的苛敛。当时的政府，因为竞争的关系，费用加增，不能不多备点财赋，于是专在农业、商业上加税，以要求一时的胜利。从前周人对于农民的征税，大概是用一种"彻"法？《大雅·公刘》所谓"彻田为粮"，《崧高》说"彻申伯土田"，《江汉》说"彻我疆土。"（《十三经注疏·诗经》卷十七之三，第十一页。又卷十八之三，第六页又卷十八之四，第十五页。）《论语》：

> 哀公问于有若曰："年饥，用不足，如之何？"有若对曰："二，吾犹不足，如之何其彻也？"（同，《论语》卷十二，第四页。）

孟子也说"夏后氏五十而贡，殷人七十而助，周人百亩而彻，其实皆什一也。"（同，《孟子》卷五上，第七页。）孟子所说夏殷之制，都不可信。大概是周代东方另外两种民族的制度？当时各国的制度，都不相同，便是明证。这几种制度的内容，说法很为复杂，这里不能多说。大致可认为什一的税制。这种制度，大概在春秋时候，已经废去。鲁国已经改行了一种什二制，这种税制改定，恐怕不仅鲁国为然？春秋宣十五年"初税亩"，梁任公先生说，是什一之外，另加了一种 Iandi tax。（《先秦政治思想史》第九十四页。)《论语》说的什二，大概就是兼此而言。后来哀公十二年，又改行用田赋的制度，将一种属人的课税，也加入田亩税的中间，于是农民的负担更重。从前在贵族政治下的农民，虽然有一部分做了贵族的农奴，比如《大雅·瞻卬》所说：

> 人有土田，女反有之；人有民人，女覆夺之。
> （《十三经注疏·诗经》卷十八之五，第八页。)

便是因为他的农奴，被人所夺去而发表的怨诗。但是直接属于政府的一部分，似乎比较后来还较好些？差不多可以说是农民的生活，一时不如一时了。这一方面是由于贵族的食邑太多，一方面也是由于政府费用的激增，可以说是到了贵族政治的末路。但是到了春秋末年以后，贵族政治可以说是差不多结束了。农民的负担，在理应当减轻，在实事上不但是改轻没有希望，反而一步一步加重。我们看墨子说：

> 今天下之为政者，其所以寡人之道多。其使民劳，其藉敛厚，民财不足，冻馁死者，不可胜数也。
> （《墨子间诂》卷六，第三页。)

第二章 本 论

孟子也说:"今之事君者,皆曰我能为君辟土地、充府库;今之所谓良臣,古之所谓民贼也。君不乡道,不志于仁,而求富之,是富桀也。"(《十三经注疏·孟子》卷十二,第六页。)可见当时的聚敛,是一种时髦的政策。怪不得孟子要责备邹穆公说:

> 凶年饥岁,君之民老弱转乎沟壑,壮者散而之四方者,几千人矣。而君之仓廪实,府库充,有司莫以告,是上慢而残下也。(同,卷二下,第九—十页。)

当时的儒家,早已觉得这种现象,所以孔子骂冉求说:

> 季氏富于周公,而求也为之聚敛而附益之。子曰:"非吾徒也,小子鸣鼓而攻之,可也。"(同,《论语》卷十一,第六页。)

有若也说:"百姓足,君孰与不足?百姓不足,君孰与足?"(同,卷十二,第四页。)这是儒家提倡的足民政策。荀子对于这方面,也极力的提倡,想以唤醒当时一班的时君。所以他说:

下贫则上贫，下富则上富。故田野县鄙者，财之本也；垣窌仓廪者，财之末也。百姓时和，事业得叙者，货之源也；等赋府库者，货之流也。故明主必谨养其和，节其流，开其源，而时斟酌焉。潢然使天下必有余，而上不忧不足。如是，则上下俱富，交无所藏之。是知国计之极也。……故田野荒而仓廪实，百姓虚而府库满，夫是之谓国蹶。伐其本，竭其源，而并之其末，然而主相不知恶也，则其倾覆灭亡可立而待也。以国持之，而不足以容其身，夫是之谓至贫，是愚主之极也。将以取富而丧其国，将以取利而危其身，古有万国，今有十数焉，是无它故焉，其所以失之一也。君人者亦可以觉矣。(《荀子集解》卷六，第八—九页。)

这一段讲得非常明白痛快，足以为当时一般政府的棒喝。他更骂着说：

今之世而不然：厚刀布之敛，以夺之财；重田野之赋，以夺之食；苛关市之征，以难其事。不然而已矣：有掎挈伺诈，权谋倾覆，以相颠倒，以靡敝之。百姓晓然皆知其污漫暴乱，而将大危亡也。是以臣或弑其君，下或杀其上，粥其城，倍其节，而

第二章 本 论

不死其事者，无他故焉，人主自取之。（同，第四页。）

我前面说过，这时候的加税，商业上也是一样。不过商人不会受损失，损失的仍然是一般需用货物的农民，这是普通的现象。这时候农民生活的困难，可以大概明白了。二是战争的影响。因为战争的激烈，人民的征发不时，就有产业，也不能耕作。所以墨子说：

> 今师徒唯毋兴起，冬行恐寒，夏行恐暑，此不以冬夏为者也，春则废民耕稼树艺，秋则废民获敛。今唯毋废一时，则百姓饥寒冻馁而死者，不可胜数。（《墨子间诂》卷五，第三页。）

尤其是《老子》书上说的："师之所处，荆棘生焉；大军之后，必有凶年。"（老子《道德经》上，第十四页。）最为简明。人民处在战国的时代，其所受的损失和失业的痛苦，真是不堪设想。所以孟子说：

> 不违农时，谷不可胜食也；数罟不入污池，鱼鳖不可胜食也；斧斤以时入山林，材木不可胜用也。谷与鱼鳖不可胜食，材木不可胜用，是使民养生丧死无憾也。（《十三经注疏·孟子》卷一上，第七页。）

其实当时一般农民，那里有这种生活的希望？荀子在这方面的意见，与孟子相同，所以他也说：

> 春耕夏耘，秋收冬藏，四者不失时，故五谷不绝，而百姓有余食也；污池渊沼川泽，谨其时禁，故鱼鳖优多，而百姓有余用也；斩伐养长，不失其时，故山林不童，而百姓有余材也。（《荀子集解》卷五，第七页。）

在这种思想的反面，便是当时农民生活的实在情形。所以荀子认为"不足，非天下之公患乱，乱伤之也。"因为上面叙的这两种现象，荀子于是主张：

> 轻田野之税，平关市之征，省商贾之数，罕兴力役，无夺农时，如是，则国富矣。夫是之谓以政裕民。（同，卷六，第二页。）

这也可说是就是荀子的生产论。荀子生产论的全部，虽然是"节用裕民"四个字：

> 足国之道：节用裕民，而善臧其余。节用以礼，裕民以政。彼裕民，故多余。裕民则民富，民富则

田肥以易，田肥以易则出实百倍。上以法取焉，而下以礼节用之，余若丘山，不时焚烧，无所臧之。夫君子奚患乎无余？故知节用裕民，则必有仁圣贤良之名，而且有富厚丘山之积矣。此无他故焉，生于节用裕民也。不知节用裕民则民贫，民贫则田瘠以秽，田瘠以秽则出实不半；上虽好取侵夺，犹将寡获也。而或以无礼节用之，则必有贪利纠譑之名，而且有空虚穷乏之实矣。此无他故焉，不知节用裕民也。（同上）

实际他的节用，与墨子的节用不同，是一种分配之中，而兼含有消费节止的意味。纯粹的生产，就是裕民政策。所以他又说：

墨子之言昭昭然为天下忧不足。夫不足，非天下之公患也，特墨子之私忧过计也。今是土之生五谷也，人善治之，则亩数盆，一岁而再获之。然后瓜桃枣李一本数以盆鼓；然后荤菜百疏以泽量；然后六畜禽兽一而剸车；鼋、鼍、鱼、鳖、鳅、鳣以时别，一而成群；然后飞鸟、凫、雁若烟海；然后昆虫万物生其间，可以相食养者，不可胜数也。（同，第四—五页。）

末了，我觉得还有一点可注意的，就是孟子对齐宣王说：

> 今也制民之产，仰不足以事父母，俯不足以畜妻子，乐岁终计苦，凶年不免于死亡，此唯救死而恐不赡，奚暇治礼义哉？王欲行之，则盍反其本矣。（《十三经注疏·孟子》卷一下，第七页。）

他似乎是感着当时的土地都为富商和大地主所霸占，农民的土地不够生活，很有主张土地另行支配的色彩。荀子虽然主张定分，他所谓分似乎仅在消费方面，就是他所谓"节用以礼"的主张，并没有感觉农民土地不足生产的现象。这一点或者是由于战国末年户口的减少，比如长平一战，所坑的降卒就是四十万，(《史记》卷五，第十三—十四页。) 其余十万、二十万的次数很不少，当时人口的减少，或者是一种事实。再不然就是因为他是承认这种资产阶级的经济组织，而又觉得土地的生产，可以人力培养，使之增加，所以对于这方面不甚注意？

第三章

后 论

第一节　荀子与后儒心性的研究

荀子学说影响于后儒最大的，要算他所讲的心性一部分。虽然后人多说荀子是不知性的，但是他们对于心性的研究，实际并没有完全脱离荀子的圈套。《易·系辞》说：

> 一阴一阳之谓道，继之者善也，成之者性也。

（《十三经注疏·周易》卷七，第十一——十二页。）

《易经》在《荀子·劝学》篇，还未曾列入读经，《系辞》的成立，或者更在荀子之后？这几句话？到底应当作何解释，我们暂可不问。但他对于汉儒的论性，似乎很有重大的关系。董仲舒的《春秋繁露·实性》篇说：

> 善如米，性如禾，禾虽出米，而禾未可谓米也；性虽出善，而性未可谓善也。米与善，人之继天而成于外也，非在天所为之内也；天所为，有所至而止，止之内谓之天，止之外谓之王教，王教在性

外，而性不得不遂，故曰：性有善质，而未能为善也，……天之所为，止于茧麻与禾，以麻为布，以茧为丝，以米为饭，以性为善，此皆圣人所继天而进也，非情性质朴之所能至也，故不可谓性。(《春秋繁露》卷十，第七页。)

这明是取的"继之者善"，来说性不是善，这一点受了荀子人为主义重大的影响，也是非常明白的。但他所根据的，却是《系辞》。再看他又说：

天两有阴阳之施，身亦两有贪仁之性。天有阴阳禁，身有情欲栣，与天道一也。是以阴之行不得于春夏，而月之魄常厌于日光，乍全乍伤，天之禁阴如此，安得不损其欲而辍其情以应天？民之号，取之瞑也。……天地之所生，谓性情。性情相与为一，瞑情亦性也。谓性已善，奈其情何？故圣人莫谓性善，累其名也。身之有性情也，若天之有阴阳也。言人之质而无其情，犹言天之阳而无其阴也。(同，第四页。)

这似乎更是取"一阴一阳之谓道"与"成之者性"合并起来，说性也有阴阳善恶。他这种说法的对不对，

第三章 后 论

是另一问题；我们看汉儒论性，大率都主张有所谓阴阳善恶之分，我认为《系辞》这几句话，便是汉儒论性的出发点。《礼记·乐记》篇说：

> 人生而静，天之性也；感于物而动，性之欲也。物至知，然后好恶形焉。好恶无节于内，知诱于外，不能反躬，天理灭矣。夫物之感无穷，而人之好恶无节，则是人化物也。人化物也者，灭天理而穷人欲者也。（《十三经注疏·礼记》卷三十七，第十页。）

他承认欲出于性，这也明是受荀子学说的影响。不过他把一个静的天理认为性，于是"性即天理"，恰与人欲成一个善恶的反面。这是将《荀子·正名》篇"心之所可中理"的理，和《解蔽》篇所谓"人何以知道曰心"的道，强认为性了。所以陆象山骂着说：

> 天理人欲之言，亦自不是至论。若天是理，人是欲，则是天人不同矣。此其言盖出于老氏？《乐记》曰："人生而静，天之性也；感于物而动，性之欲也；"……天理人欲之言，盖出于此。《乐记》之言亦根于老氏。且如专言静是天性，则动独不是天性耶？《书》云："人心惟危，道心惟微。"解者多

指人心为人欲，道心为天理，此说非是。心一也，人安有二心？自人而言，则曰惟危；自道而言，则曰惟微。罔念作狂，克念作圣，非危乎？无声无臭，无形无体，非微乎？因言《庄子》"渺乎小哉，以属诸人；謷乎大哉，独游于天。"又曰："天道之与人道也相远矣。"是分明裂天人而为二也。（《陆象山全集》卷三十四，第二页。四部丛刊本。）

荀子引道心、人心，本是代表一个心，不是说道心就是性。就是孟子也止说得"理义之悦我心，犹刍豢之悦我口。"（《十三经注疏·孟子》卷十一上，第十页。）何尝如程子说"性即理也"？（《宋元学案》卷十五，第十四页。通行本。）宜乎戴东原要说：

> 理为我所本无，程朱言"性即理也"，其视性如人心中有一物，此即老氏之所谓无，佛氏之所谓空，稍变之而为此说，孟子无之。（《清儒学案》卷十五，第十四页。通行本。）

《乐记》之言，大概本于道家，也就是本于荀子的心理学而稍变其名义，我以为这是宋儒说性的出发点。《礼记》中间的《大学》《中庸》，自然也是宋学的源泉，《中

第三章 后　论

庸》已在本论说过了。《大学》专偏于心的研究，他所谓正心，不过是：

> 身有所忿懥，则不得其正；有所恐惧，则不得其正；有所好乐，则不得其正。心不在焉，视而不见，听而不闻，食而不知其味。（《十三经注疏·礼记》卷六十，第七页。）

终究出不了荀子所谓"虚一而静，谓之大清明"的范围。他又说：

> 知止而后有定，定而后能静，静而后能安，安而后能虑，虑而后能得。物有本末，事有终始，知所先后，则近道矣。（同，第一页。）

也仍然是荀子说的"万物莫形而不见，莫见而不论，莫论而失位。"只有他说"在止于至善"，比较荀子说的"止诸至足"，精神略有宽狭。荀子是以圣王为至足，《大学》却还有"格物致知"的一段工夫。汉儒说性，自从董仲舒以下，大致都以阴阳善恶为标准。阴阳是出于道家，也是不容说的。王充叙他的性情说道：

> 董仲舒览孙、孟之书,作情性之说曰:天之大经,一阴一阳;人之大经,一情一性。性生于阳,情生于阴;阴气鄙,阳气仁。曰性善者,是见其阳也;谓恶者,是见其阴者也。(《论衡》卷三,第九页。)

这是明明以阴阳之性,来调和孟、荀两家之说董氏。对于孟子的性善说,极力反对。他的结论,虽与荀子不同;而他的态度,却与荀子最为接近。《深察名号》篇说:

> 今世暗于性,言之者不同。胡不试反性之名?性之名,非生与?如其生之自然之资谓之性。性者,质也。诘性之质于善之名,能中之与?即不能中矣,而尚谓之质善,何哉?(《春秋繁露》卷十,第三页。)

这完全是荀子性恶论中反对孟子的口吻。他所下性的定义,也与荀子略同。《实性》篇说:

> 孔子曰"名不正则言不顺",今谓性已善,不几如无教而如其自然?又不顺于为政之道矣。(同,第六页。)

又说"万民之性,苟已善,则王者受命,尚何任耶?"(同,第五页。)又说:

> 性者,天质之朴也;善者,王教之化也。无其质,则王教不能化;无其王教,则质朴不能善。(同,第八页。)

这都是受荀子影响的明证。他又承认制恶的机关是一个心,所以他说:

> 栣众恶于内,弗使得发于外者,心也。故心之名,栣也。人之受气,苟无恶者,心何栣哉?(同,第三页。)

这也是明受荀子心理学的影响。但是他们在名义上,却是拿孔子来压孟子,所以他说:

> 今按圣人言中本无性善名,而有"善人吾不得而见之矣"叹,使万民之性皆已善,善人者何为不见也?观孔子之言,以为善难当甚,而孟子以为万民性皆能当之,过矣。圣人之性,不可以名性;斗筲之性,又不可以名性;名性者,中民之性。中民

之性，如茧如卵，卵待覆二十日而后能为雏；茧待缫以涫汤而后能为丝，性待渐于教训而后能为善。善，教训之所然也，非质朴之所能至也，故不谓性。（同，第七页。）

这里专提出中人之性来说，也就是性三品说的萌芽。刘向也是主张性有阴阳善恶的，所以他驳荀子说：

如此，则天无气也，阴阳善恶不相当，则善安从生？（《论衡》卷三，第九页。）

但是他以性为阴，以情为阳，恰与董仲舒相反。

性，生而然者，在于身而不发。情接于物，形出于外，故谓之阳；性不发，不与物接，故谓之阴。（同右。）

他以动静的状态来说性情，实际仍与荀子性情的界说相近。他又说："性情相应，性不独善，情不独恶。"（《申鉴》卷五，第二页。通行本。）也是受了荀子性情界说的影响，知道性情是一路的东西。扬雄在他的《法言》里说：

第三章 后　论

> 人之性也善恶混，修其善则为善人，修其恶则为恶人。气也者，所适善恶之马也与？（《法官》第三页，通行本。）

这也是拿孔子"性相近"的话，来调停。原来善恶混杂，相差不远，后来因气质修养的方向不同，遂有善人、恶人的区别。王充便接着演为性三品之说：

> 余固以孟轲之言人性善者，中人以上者也；孙卿之言人性恶者，中人以下者也；扬雄言人性害恶混者，中人也。若反经合道，则可以为教；尽性之理，则未也。（《论衡》卷三，第十页。）

以申说孔子上智下愚不移的道理。荀悦的《申鉴》也说：

> 或问天命人事？曰：有三品焉。上下不移，其中则人存焉耳。……孟子称性善，荀卿称性恶。公孙子曰：性无善恶。扬雄曰：人之性善恶混。刘向曰：性情相应，性不独善，情不独恶。曰：问其理？曰：性善则无四凶，性恶则无三仁。人无善恶，文王之教一也，而有周公、管、蔡。性善情恶，是桀、纣

无性，而尧、舜无情也？性善恶皆浑，是上智怀恶而下愚挟善也。理也未究矣，惟向言为然。(《申鉴》卷五，第一——二页。)

他是以性三品说为主，再加以性情相应之说。所以他又说"昆虫草木，皆有性焉，不尽恶也；天地圣人，皆称情焉，不主恶也。"(同，第二页。)他又说："故善难而恶易，纵民之情，使自由之，则降于下者多矣。"(同，右。)所以他主张：

> 性虽善，待教而成；性虽恶，待法而消。唯上智下愚不移，其次善恶交争，于是教扶其善，法抑其恶。……其不移者，大数九分之一耳，一分之中，又有微移者矣。然则法教之于化民也，几尽之矣。及法教之失也，其为乱亦如之。(同，右。)

这种教化转移的机关，都是心的作用，所以他又说："凡此皆人性也，制之者则心也。"(同，右。)这自然都与荀子的心理学有相当的关系。后来韩文公的《原性》说：

> 性也者，与生俱生也；情也者，接于物而生也。性之品有三，而其所以为性者五；情之品有三，而

其所以为情者七。曰何也？曰性之品有上、中、下三。上焉者，善焉而已矣；中焉者，可导而上下也；下焉者，恶焉而已矣。其所以为性者五：曰仁、曰礼、曰信、曰义、曰智。上焉者之于五也，主于一而行于四；中焉者之于五也，一不少有焉，则少反焉，其于四也混；下焉者之于五也，反于一而悖于四。性之于情视其品。情之品有上、中、下三，其所以为情者七：曰喜、曰怒、曰哀、曰惧、曰爱、曰恶、曰欲。……情之于性视其品。孟子之言性曰：人之性善；荀子之言性曰：人之性恶；扬子之言性曰：人之性善恶混。夫始善而进恶，与始恶而进善，与始也混而今也善恶，皆举其中而遗其上下者也，得其一而失其二者也。(《韩昌黎先生全集》卷十一，第三一四页。通行本。)

依然是守着三品与性情相应两个说法。他又说：

上之性就学而愈明，下之性畏威而寡罪，是故上者可教而下者可制也，其品则孔子所谓不移也。(同上)

也就是荀悦"教扶其善，法抑其恶"的意思，没有什么精采。他的弟子皇甫湜，也主三品之说。(《皇甫持正集》卷二，第五页。四部丛刊本。) 到宋时候，司马温公还说：

> 孟子以为人性善，其不善者，外物诱之也；荀子以为人性恶，其善者，圣人之教之也；是皆得其偏而遗其大体者也。夫性者，人之所受于天以生者也，善与恶必兼有之。……其所受多少之间，则殊矣。善至多而恶至少，则为圣人；恶至多而善至少，则为愚人；善恶相半则为中人……必曰圣人无恶，则安用学矣？必曰愚人无善，则安用教矣？(《司马温公文集》卷七十二，第三页。四部丛刊本。)

再分得细的，荀悦已有"得施为九品"之说，后来刘原文也主张九品以驳孟子的性善。(《公是先生弟子记》卷一，第九页。武英殿聚珍本。) 这一个线索下来，都是想用孔子的性说，来调停荀、孟两家不同之见。实际上又加以阴阳气质的解释，自然都是宋儒所排斥为气质之性的。但是他们所谓性，都与荀子的性情，最为接近；而与孟子的心性，相去较远。我们借此可以考见荀子的性学在后来学术界确有不小的势力和影响。再从《乐记》这个系统下来，比较显著的如唐李翱的《复性书》说：

> 人生而静，天之性也；性者，天之命也。凡人之性，犹圣人之性；桀、纣之性，犹尧、舜之性；其所以不睹其性，嗜欲好恶之昏，非性之罪也。为不善非性，乃情所为也。情有善，有不善。（《李文公集》卷二，第五—十三页。四部丛刊本。）

他与孟子虽还相差不远，但是孟子并没有情不善的说法。情的善不善，实际已是说的荀子所谓心所可中理不中理了。后来到邵康节《观物外》篇说：

> 任我则情，情则蔽，蔽则昏矣；因物则性，性则神，神则明矣。（《宋元学案》九，第九页。）

全是荀子大清明的心理学。程明道的《定性书》说：

> 所谓定者，动亦定，静亦定，无将迎于内外。苟以外物为外，牵己而从之，是以己性为有内外也。……夫天地之常，以其心普万物而无心；圣人之常，以其情顺万物之情而无情。故君子之学，莫若廓然而大公，物来而顺应。……人之情各有所蔽，故不能适道，大率患在于自私而用智。自私则不能以有为为应迹，用智则不能以明觉为自然。今以恶

外物之心而照无物之地,是反镜而索照也。……与其非外而是内,不若内外之两忘也,两忘则澄然无事矣。无事则定,定则明,明则尚何应物之为累哉?(同,卷十三,第六页。)

这自然是他从陈希夷传给周濂溪的《太极图说》,所谓"无极而太极"的道理发挥出来。(同,卷十二,第一页。)这种说法,是出于道家,也自无可疑。但我觉得他们实际或者就是从荀子《解蔽》篇领会得来,亦未可知?因为荀子的心理学,本来都全出于道家,我在前面早说过了。他所谓"动亦定,静亦定",不是"心未尝不动也,然而有所谓静"的道理吗?"无将迎于内外",岂不是"不以所已臧害所将受"吗?所谓"廓然大公,物来顺听",不就是"虚一而静"的大清明吗?明道的定性,也就是《大学》的正心。宋儒说荀子不知性,我却要说宋儒不知性。与其叫着定性,倒不若叫着定心。伊川说:

> 气有善有不善,性则无不善也。人之所以不知善者,气昏而塞之耳。

他所谓性,也是荀子之所谓心。又有人问伊川说:

> 问人性本明，因何有蔽？曰：此须索理会也。孟子言人性善是也。虽荀、扬亦不知性也。孟子所以独出诸儒者，以能明性也。性无不善，而有不善者，才也。性即是理，理则自尧、舜至于涂人一也。才禀于气，气有清浊，禀其清者为贤，禀其浊者为愚。（同，卷十五，第五页。又第十四页。）

这也是讲的心中之理，不见得比荀子说心高明。伊川主张一个主敬的工夫，看他说：

> 敬则自虚静，不可把虚静叫着敬。（同，第二十五页。）

他又说"所谓敬者，主一之谓敬；所谓一者，无适之谓一。"（同，第二十五页。）都是从荀子"虚一而静"的心理学领悟过来。朱子《答张敬夫》说：

> 近复体察，见得此理须以心为主而论之，则性情之德，中和之妙，皆有条而不紊。盖人之一身，知觉运动，莫非心之所为，则心者所以主于身，而无动静语默之间者也。方其静也，事物未至，思虑未萌，而一性浑然，道义具全。其所谓中，乃心之所以为体，而寂然不动者也。及其动也，事物交至，思虑萌焉，

则七情迭用，各有攸主。其所谓和，乃心之所以为用，感而遂通者也。然性之静也，而不能不动；情之动也，而必有节焉。是则心之所以寂然感通，周流贯彻，而体用未始相离者也。……（同，卷四十八，第七页。）

这一段说心的作用，比较算精密了。但把一性改为一理，仍然未能出荀子《解蔽》篇的范围。又如他《观心说》道：

夫心者，人之所以主乎身者也，一而不二者也，为主而不为客者也，命物而不命于物者也。……夫谓人心之危者，人心之萌也；道心之微者，天理之奥也。心则一也，以正不正而异其名耳。（同，第八页。）

"命物而不命于物"，就是荀子的"出令而无所受令"；"以正不正而异其名"，就是荀子的"中理不中理"。陆象山说：

心不可泊一事，只自立心。人心本来无事，胡乱被事物牵将去。若是有精神，即时便出便好；若一向去，便坏了。（同，卷五十八，第五页。）

这也就是荀子"不以夫一害此一"的道理。又包显道记他的语录道：

> 予举荀子《解蔽》"远为蔽，近为蔽，轻为蔽，重为蔽"之类，说好。先生曰："是好。只是他无主人；有主人时，近亦不蔽，远亦不蔽，轻重皆然。"（《陆象山全集》卷三十四，第十三页。）

其实荀子有心为主，有道与理为准，何尝没有主人？王阳明说："主一是专主一个天理。"又说："心即理也，无私心即是当理，未当理即是私心。"（《明儒学案》卷三，第九页。通行本。）也都是荀子中理不中理的意思，不过略为变化而已。他又说：

> 目无体，以万物之色为体；耳无体，以万物之声为体；鼻无体，以万物之臭为体；口无体，以万物之味为体；心无体，以天地万物感应之是非为体。（同，第十二页。）

这是他融合精神物质为一的大主张，也就是他"心即理也"的大道理。他的精神，固然与荀子略有不同，但是廓然大公的道理则仍然是一致。这一类宋学中的人物，当然还很多，我们也不能再多讲。总之，这一个系统下来，大致都是用孟子的名气，来发挥天理人欲的学说。除去受了释、老一部分影响以外，实际是讲的荀子的心理学。虽然对于孟子心性之说名义上比较接近，实际以物之理为心之性，大与孟子不同，而反与荀子心理学的心和理相合，大致都还不能十分出荀子的圈套。于此可以知道荀子在中国学术史上的地位和影响了。

第二节　荀子与后代礼法的分化

秦汉以下，在大体上固然都已是用的法治。但是因为去礼治时代未远，一般儒生还有很多抱有应该恢复礼治的见解。汉代的礼学，大都出于孟卿。

> 《汉书·儒林传》：孟卿，东海人也。事萧奋，以授后仓、鲁闾丘卿。仓说《礼》数万言，号曰《后氏曲台记》，授沛闻人通汉子方、梁戴德延君、戴圣次君、沛庆普孝公。孝公为东平太傅。德号大戴，为信都太傅；圣号小戴，以博士论石渠，至九江太守。由是《礼》有大戴、小戴、庆氏之学。(《汉书》卷八十八，第十页。)

孟卿和荀子的关系，前论已经有过详细的讨论。现存的《大戴礼》和《礼记》，都受了荀子很大的影响，这中间颇有不少想恢复礼治的言论。比如《大戴·礼察》篇说：

> 孔子曰："君子之道，譬犹防与？夫礼之塞，乱之所从生也；犹防之塞，水之所从来也。故以旧防为无用而坏之者，必有水败；以旧礼为无所用而去之者，必有乱患。"故昏姻之礼废，则夫妇之道苦，而淫辟之罪多矣；乡饮酒之礼废，则长幼之序失，而争斗之狱繁矣；聘射之礼废，则诸侯之行恶，而盈溢之败起矣；丧祭之礼废，则臣子之恩薄，而倍死忘生之礼众矣。凡人之知，能见已然，不能见将然。礼者，禁于将然之前；而法者，禁于已然之后。是故法之用易见，而礼之所为生难知也。若夫庆赏以劝善，刑罚以惩恶，先王执此之正，坚如金石，行此之信，顺如四时；处此之功，无私如天地，尔岂顾不用哉？然如曰礼云礼云，贵绝恶于未萌，而起信于微眇，使民日从善远罪而不自知也。(《皇清经解》卷一百二十一，第五页。石印本。)

这里称的孔子，大概不能十分认真。他认礼为防乱的工具，是受荀子礼之起原说的影响。这里痛言废礼的不可，并且将礼治、法治作一番精细的比较，他很能明白赏罚不就是法治。他要想维持旧礼的精神，非常明白。这是汉儒中间比较很精到的议论。看下面又说：

第三章 后 论

汤武置天下于仁义礼乐，而德泽洽，禽兽草木广育，被蛮貊四夷，累子孙十余世，历年久五六百岁，此天下之所共闻也。秦王置天下于法令刑罚，德泽无一有，而怨毒盈世，民憎恶如仇雠，祸几及身，子孙诛绝，此天下之所共见也。夫用仁义礼乐为天下者，行五六百岁犹存；用法令为天下者，十余年即亡；是非明效大验乎？……今或言礼义之不如法令，教化之不如刑罚。人主胡不承殷、周、秦事以观之乎？"（同，右。）

这明明是以荀子的礼治，来反对当时的法治。贾谊《新书·保傅》篇也说：

及秦而不然。其俗固非贵辞让也，所上者告讦也；固非贵礼义也，所上者刑罚也。……（《新书》卷五，第二页，通行本。）

也是反对法治，想再恢复礼治的思想。因此他们大倡其礼治主义，《小戴·哀公问》，托为孔子对哀公说民之所由生，礼为大；非礼，无以节事天地之神也；非礼，无以辨君臣上下长幼之位也；非礼，无以别男女父子兄弟之亲，昏姻疏数之交也。（《十三经注疏·礼记》卷五十，第七页。）

《新书·礼》篇也很明白的说：

> 道德仁义，非礼不成；教训正俗，非礼不备；分争辨讼，非礼不决；君臣上下，父子兄弟，非礼不定；官学事师，非礼不亲；班朝治军，涖官行法，非礼威严不行；祷祠祭祀，供给鬼神，如礼不诚不庄；是以君子恭敬撙节，退让以明礼。礼者，所以固国家，定社稷，使君无失其民者也。(《新书》卷六，第一页。)

简单一句话，就是一切非礼不行，这都是想直接恢复荀子的礼治主义。荀子讲礼，最重君臣上下之分，《礼记》中间，对于这种礼数的分别，讲得非常详细。现在且引《丧服大记》为例：

> 君大棺八寸，属六寸，椑四寸。上大夫大棺八寸，属六寸。下大夫大棺六寸，属四寸。士棺六寸。君里棺用朱绿，用杂金鐕。大夫里棺用玄绿，用牛骨鐕。士不绿。君盖用漆，三衽三束。大夫盖用漆，二衽二束。士盖不用漆，二衽二束。君大夫鬊爪，实于绿中。士埋之。君殡用輴，欑至于上，毕涂屋。大夫殡以帱，欑置于西序，涂不暨于棺。士殡见衽，

第三章 后 论

涂上帷之。……(《十三经注疏·礼记》卷四十五，第十六——十八页。)

这里所写，实际还不到这一段的三分之一，可以想见这种分别的完密，真是无微不至了。他们名义上自然是追叙的古礼，实事上或者也有一部分的根据？但是这种阶级分别之严，大概总受了荀子不少的影响。这也可算是礼治主义的余波。不过这也仅是一般儒生的空论，实际并没有发生多少影响。汉武帝是以表彰儒术著称的，他却在那里"招进张汤、赵禹之属，条定法令"，至于"文书盈于几阁，典者不能遍睹"。(《汉书》卷二十，第七页。)就是后汉光武奖励节义之风，明帝举行明堂之礼，稍为带了一点重礼的精神。但是以公开的一定法令行之，则仍可属于法治，所以实际上所谓建武、永平之政，其根本也仍然只在一个"法令分明"。(《后汉书》卷二，第九页。)对于法治的基础，并没有丝毫摇动。魏晋以后更是不讲礼节了。欧阳修说得好：

> 由三代以上，治出于一，而礼乐达于天下；由三代以下，治出于二，而礼乐为虚名。(《新唐书》卷十一，第一页。光绪上海刻本。)

大概从秦以下，虽然说是"王霸杂用"，(《汉书》卷九，第一页。)礼法并行，实际早已成为法治的世界。但是我们要明了法治政治，并不是没有礼仪，也并不是没有奖励，比如秦有秦仪，汉有汉仪。在汉朝初年，还有一段儒生们引为荣耀的故事。《史记·叔孙通传》说：

> 高帝悉去秦苛仪法，为简易。群臣饮酒争功，醉或妄呼，拔剑击柱，高帝患之。叔孙通……说上曰："……臣愿征鲁诸生，与臣弟子共起朝仪。"……颇采古礼与秦仪杂就之，……竟朝置酒，无敢喧哗失礼者。于是高帝曰："吾乃今日知为皇帝之贵也。"(《史记》卷九十九，第三—四页。)

这一方面是由于汉初法令的不完备，比如秦法就有"君臣待殿上者不得持尺寸之兵"，(《史记》卷八十六，第七页。)那有拔剑的事？再一方面就是法治的国家，自然也须用一种行礼的仪式，所以当时都称为仪。实际与从前的礼，范围大小不同。礼法的分化，就是将礼中重要的原则，都变为固定的法律，其所剩下的，便是一种空洞死板的仪式。日人穗积陈重曾依着《礼书纲目》所分的七门，说明一种礼法分化的系统。我现在且取几条说得好的，来做我的说明：

第三章 后 论

一、嘉礼。士冠礼是成年之礼，比如男子二十而冠，冠者就算为成人。所以说"已冠则字之，成人之道也"。这就是后来民法中成年的规定。士昏礼是婚姻之礼，所谓"女子十五而笄"和"男子三十而有室，女子二十而有夫"。这是结婚年龄的规定。又如"取妻不取同姓"，这是婚姻要件的规定。又如七出三不去，这是关于离婚原因的规定。这都是后来民法中的成分。

二、凶礼。凶礼有士丧礼、士虞礼等名目，最重要是丧服中的斩衰、齐衰、大功、小功、缌麻、五服之别。这是规定亲属关系的条文。后来的律典，卷首都有服制图，这就是后来民法中间亲族法的基础

三、通礼。《纲目》所称为通礼的，共包含有历数、月令、制国、职官、封建、内治、朝廷礼、政事、井田、财赋、学制、五宗、亲属记、名器、刑辟、卜筮、礼乐记多种，这都是后来法律的基本。比如月令关于养蚕、畜牧的奖励，山林滥伐和焚烧的禁止，道路堤防、川泽陂池的保护，度量的审定，百工关市商旅的监督，这是后世的行政法规所本。又听讼、断狱、行刑的时间的规定，这也是刑法、刑事诉讼法的开端。其余制国、封建、官职，是宪法或是行政法的渊源。政事中间关于民政、居民、民数，……以及关门、道路，种种名目，多半属于行政法，尤其是警察和法规的滥觞。财赋中间关于租

税、货币……等等,也都是财政法的基本。(下略)

四、典礼。这是关于日常生活的仪式,例如"女子许嫁,缨"和"女子许嫁,笄而字",以及"男女非有行媒,不相知名;非受币,不交不亲。"……"天子有后,有夫人,有世妇,有嫔,有妻,有妾。""公侯有夫人,有世妇,有妻,有妾。"这都是关于婚姻的法规。又如"八十九十曰耄,七年曰悼,悼与耄,虽有罪不加刑焉",和"刑不上大夫",这都是行刑免除的法规。(穗积陈重著《祭祀及礼与法律》第二百十一——二百二十五页。)

这固然都是一种大略的说法,但是由此可以知道礼的重要部分,都已变为法了。再如《礼记·内则》说:"礼始于谨夫妇,为宫室,辨内外。"(《十三经注疏·礼记》卷二十八,第十页。)《坊记》也说:

> 夫礼,坊之所淫,章民之别,使民无嫌,以为民纪者也。故男女无媒不交,无币不相见,恐男女之无别也。(同,卷五十一,第二十四页。)

礼固然是主张妨淫的。我们再看秦始皇的会稽刻石说:

> 饰省宣义,有子而嫁,倍死不贞。防隔内外,禁止淫泆,男女絜诚。夫为寄豭,杀之无罪,男秉

第三章　后　论

义程。妻为逃嫁，子不得母，咸化廉清。(《史记》卷六。第十二页。)

这是奖励贞节的开端，却已属了法令的范围。秦始皇以巴寡妇清为贞妇，特为筑台表扬。(同，卷一百二十九，第三页。)汉代也有对于贞妇免税和赐爵的特令，安帝时更有"甄表门闾，旌显厥行"的明诏。(《后汉书》卷五，第七页。)这种风气的养成，人多归咎于礼教，而不知道确是礼治时代所未有。虽然他的来源，与礼家也有关系；后来儒家，也不免有推波助澜的嫌疑；但是没有政府法令的力量，那里能有如许大的势力。如果不信，请看法令以外剩下来的一部分仪式，在社会上到底有无弹性力？朱子说：

> 古礼既莫之考，至于后世之沿袭，亦浸失其意，而莫之知矣。非止浸失其意，以至名物度数，亦莫有晓者，差舛讹谬，不堪著眼。……叔孙通所制汉仪，及曹褒所修，固已非古，然今已不存。唐有开元、显庆二礼，显庆已亡，开元袭隋旧为之。本朝修开宝礼，多本开元，而颇加详备。及政和间修五礼，一时奸邪以私智损益，疏略牴牾，更没理会。(《朱子全书》卷三十八，第三页，通行本。)

可见每朝都有修过礼,但不久连《礼》的本书都亡了。又他说当时的情形道:

> 盖今上下所共承用者,政和五礼也。其书虽尝班布,然与律令同藏于理官。吏之从事于法理之间者,多一切俗吏,不足以知其说;长民者又不能以时布宣,使通于下,甚者至或并其书而亡之。(同,第十七—十八页。)

大概政府对于这种东西,并不重视;所以在社会上,也就不能通行。宜乎朱子要叹息的说:

> 呜呼!礼废久矣!士大夫幼而未尝习于身,是以长而无以行于家;是以进而无以议于朝廷,施于郡县;退而无以教于里闾,传之子孙;而莫或知其职之不修也!(同,第十六页。)

宋儒对于这个已死之礼,颇有想恢复的心理,所以私自作礼的很多,比如朱子所批评的

> 二程与横渠,多是古礼;温公则大概本《仪礼》,而参以今之可行者。要之,温公较稳。其中与古不

> 甚远,是七八分好。若伊川礼,则祭礼可用;婚礼,惟温公者好。(同,第六页。)

已经很有几家。他自己后来更作有一部《家礼》,集宋代礼学的大成。但看他《跋三家礼范》说:

> 然程、张之言,犹颇未具;独司马氏为成书。而读者见其节文度数之详,有若未易究者,往往未见习行,而已有望风退怯之意;又或见其堂室之广,给使之多,仪物之盛,而窃自病其力之不足。是以其书虽布,而传者徒为箧笥之藏,未有能举而行之者也。(同,第十六页。)

在社会上,简直没有能够通行。虽然他自己的《家礼》比较通俗,后来在社会上算是做了所谓道士派的"礼生"的一种生活工具;但是社会风俗上,说有多大影响,也不敢说。以徒徒一点礼节和铺张的麻烦,已经不能在社会上发生何种效力,何况于要人行"望门守节"和"杀身殉夫"一类极苦的事情?这岂是仅仅礼教宣传的力量所能做到?由此我们得一个结论:就是从秦汉以后,礼的范围缩到很小,只保存了一部分的仪式;而这部分仪式,除了社会生活必需的一部分简易的习俗以外,实际也失了弹性力。但从反面来说，荀子的主张"分"，主张"别"的精神，就是礼的重要部分，都已传给他的弟子韩非、李斯之流，实际都已属于法的范围。而法治主义，对于所谓"上下之分""男女之别"，更比礼治讲得特别严厉，因此保存了中国几千年的社会阶级，养成了中国驯服一般的国民性，也维持了中国几千年的专制政体。这虽不是荀子一个人的力量，但是荀子给后代政治社会上的影响也就算不小了。

版权专有　侵权必究

图书在版编目（CIP）数据

荀子研究 / 杨筠如著. —北京：北京理工大学出版社，2020.5
（古典·哲学时代 / 马东峰主编）
ISBN 978-7-5682-8240-6

Ⅰ. ①荀… Ⅱ. ①杨… Ⅲ. ①儒家 ②《荀子》-研究 Ⅳ. ① B222.65

中国版本图书馆 CIP 数据核字（2020）第 042691 号

出版发行 /	北京理工大学出版社有限责任公司
社　　址 /	北京市海淀区中关村南大街 5 号
邮　　编 /	100081
电　　话 /	(010) 68914775（总编室）
	(010) 82562903（教材售后服务热线）
	(010) 68948351（其他图书服务热线）
网　　址 /	http://www.bitpress.com.cn
经　　销 /	全国各地新华书店
印　　刷 /	保定市中画美凯印刷有限公司
开　　本 /	787 毫米 × 1092 毫米　1/32
印　　张 /	6.75
版　　次 /	2020 年 5 月第 1 版　2020 年 5 月第 1 次印刷
字　　数 /	119 千字
定　　价 /	32.00 元

责任编辑 / 朱　喜
文案编辑 / 朱　喜
责任校对 / 顾学云
责任印制 / 王美丽

图书出现印装质量问题，请拨打售后服务热线，本社负责调换